気疲れが
スーッと消える

繊細な人の話し方

HSPアドバイザー
Ryota

明日香出版社

はじめに

突然ですが、あなたは人と会話をするとき、こんなふうに悩んだことはありませんか？

- どう思われるか気になってしまい、思ったように話せない
- 場の空気の悪さを必死に変えようとして、空まわりしてしまう
- まわりの人やＴＶの音が気になって会話に集中できない
- 相手の声のトーンが変わるだけで、「機嫌を悪くしたかも」と考えてしまう
- 生々しい内容の悩みを聞いてグッタリ
- 会議で緊張してしまい、場ちがいなことを口走ってしまう

このような悩みを抱えているあなたは、ＨＳＰ気質をお持ちかもしれません。

はじめまして、私はＨＳＰアドバイザーをしているＲｙｏｔａです。メンタル心理カウンセラー、行動心理士の資格を持ち、YouTubeやInstagramなどの発信活動・自身の相談サービスを通じてこれまでに２０００名以上のＨＳＰさんのお悩みにお答えしてきました。また、ＨＳＰさん同士がつながれる『ココイロサロン』というコミュニティの運営もしています。

私自身も強度のＨＳＰで、過去には、ブライダルのフォトグラファー・派遣社員・10年以上の製薬工場勤務などの経験を持っています。不規則な交代制勤務や矛盾した指示が多い上司など、多くの方が悩む職場での理不尽さをたくさん体験してきました。

ＨＳＰとは、Highly Sensitive Personの略称で、アメリカの心理学者エレイン・Ｎ・アーロン博士が提唱した概念です。外部からの刺激をほかの人よりも敏感に受け止めてしまう、環境からの影響を受けやすい人のことを指します（詳しくは本文でもご説明します）。

環境からどれくらい影響を受けるかは人それぞれで、受けやすい人ほどＨＳＰの度合いが高いといえます。影響の受けやすさは、家庭環境や抱えているストレス、特定の遺伝子の有無や、日常的な行動からはかることができます。

私はHSPさんからさまざまなご相談を受けますが、その中でも話し方・コミュニケーションについてのお悩みはとくに多く寄せられます。

HSPの度合いが高い繊細な方は、良心的な部分を持っています。良心的とは〝やさしい〟ということではなく、自分の言動がどのような影響をあたえるかを深く考える傾向がある、という意味です。この繊細さがコミュニケーションにも発揮されます。そして、その繊細さによって、話す際に困ってしまうことも多いのです。

たとえば、職場で上司に報告をする場面。上司が難しい顔をしていたら「報告しない方がいいだろうか」と考えて話せなくなってしまうことはありませんか？

職場の休憩時間中、本当は休みたいのに、楽しそうに話している人の気分を察して、つい会話をつづけてヘトヘトになる方もいらっしゃいます。

こうした悩みを身近な人に話しても「繊細すぎるんじゃないの?」「気にしすぎだよ」と言われてしまうことがあります。

では、繊細さは否定しなくてはならないのでしょうか?

繊細な方は良くも悪くもまわりの影響を受けやすいことがわかっています。ささいな表情の変化で、相手の気持ちを読みとることもできるので、「気づいてくれてありがとう」と感謝されることも多いでしょう。このように、繊細さ・敏感さはコミュニケーションでポジティブに生かすこともできます。大切なのは、どのように発揮すればいいのかを知ることなのですね。

本書では、ごく小さな話し方の悩みについても解決策をお話しします。これまでは緊張していた場面でも、繊細さを発揮しつつ、人づきあいがラクになる話し方ができるようになります。

自分を否定せず、会話ができるようになったら素敵だと思いませんか？

本書で、繊細さ・敏感さが話し方やコミュニケーションにあたえる影響を知り、人間関係をもっと楽しめるきっかけにしていただけることを願っております。

Ryota

CONTENTS

第2章 考え方を変えて気疲れを手放す

第3章 肩の力を抜いて人と話す

第4章 まわりにふりまわされずに会話を楽しむ

カバー・本文デザイン：藤塚尚子（etokumi）
カバー・本文イラスト：かりた
組版：白石知美・安田浩也（システムタンク）
校正：共同制作社

序章

繊細な人って
どんな人？

1

繊細な人はこんな人

「繊細な人」とはどのような人なのでしょうか。

「はじめに」でも触れましたが、ＨＳＰとは、アメリカの心理学者エレイン・Ｎ・アーロン博士が提唱した概念です。外部からの刺激をほかの人よりも敏感に受け止めてしまう人々のことをいいます。

「深く受け止め考える」「過剰に刺激を受けやすい」「感情反応が強く、共感力が高い」「ささいな刺激も見つけやすい」、こういったことが特徴としてあげられます。これらに当てはまる方がＨＳＰであり、約５人に１人の割合でいることがわかってきました。

ＨＳＰについて「生きづらい」「不安症」のような扱いも見かけますが、**ＨＳＰそのものは、ネガティブなものではありません。**また、病気でもありません。あくまで心理学の概念です。育ってきた環境、あなたの身のまわりの状況による影響が大きいと考えてください。

○「繊細な人」のチェックリスト

以下は、私がＨＳＰさんの共通点や性格の傾向から作成した、かんたんなチェックリストです。私に届く毎日１００通を超えるコメントや、ご相談やアンケートモニターをもとに作成しました。

心当たりがあれば「はい」、心当たりがない、または心当たりがあまりないのなら「いいえ」でご判断ください。難しく考えず、素直な気持ちでお答えくださいね。

- 機嫌の悪い人が近くにいると疲れやすい
- 美しい風景を見ると泣きそうになる、感動して動けなくなる
- 刺激がふえすぎると、1人になりたいと思う
- 誠実で良心的と言われる
- 空気を読みすぎて空まわりする
- 強い光や香りがあると疲れてしまう
- 人に見られていると実力が発揮できない
- 幼いころから「繊細だ」「おどろきやすい」と言われていた
- 環境に左右されやすい
- 1つのことからたくさんのことを想像する
- 自分の行動がどういう影響をあたえるか考えている
- 一度にたくさんのことを頼まれると、なにをすればいいかわからなくなる
- カフェインや添加物の影響を受けやすい
- 協調性、平等さを大事に思う

●ネガティブなニュースを見ると1日気持ちが沈んでしまう

以上の内容のうち、8個以上に「はい」と答えたあなたはHSPでしょう。

ただし、HSPさんも人それぞれ特徴がちがいます。「○○だからHSP」と断定するものではなく、繊細さ・敏感さの強い部分もあると、割合的に考えていただければと思います。

たとえば、HSPを判断する項目の1つに「美的感受性」というものがあります。これは、芸術や音楽・絶景のようなポジティブなできごとに影響を受けやすい部分で、人それぞれ受けやすい分野がちがいます。このように、同じHSPでもどの刺激に敏感か、どのようなことに感受性が強いのかがちがうのです。

繊細さの度合いは、グラデーションのように考えるのが自然です。同じHSPでも繊細さはちがいますし、物事のとらえ方も変わります。これは、成長していく環境に影響される部分もあります。

2

会話中に疲れてしまうのはなぜ？

あなたは繊細さ、敏感さをどのようなものだと思いますか？

どちらかといえば、ネガティブな印象で受けとる方が多いのではないかと思います。それは、繊細さが「打たれ弱さ」や「デリケートな人」をイメージさせるからでしょう。


繊細さ、敏感さとはそういうものではありません。最近の研究によると、ＨＳＰは「いい影響も受けやすい」ことがわかっています。

たしかに繊細さ、敏感さを持つ方は関係のよくない家庭や、ストレスの多い環境ではネガティブな影響を受けます。

もちろん、ネガティブな影響はだれもが受けるものです。しかし、人一倍敏感な方は、その感情の振れ幅が激しいのです。まわりの人がケンカをしていたとして、ほかの人よりも早く疲れたり、不安を感じてしまうといえばわかりやすいかもしれません。「ケンカを仲裁しないと！」という義務感におそわれる方もいるでしょう。

いい家庭環境や好意的な環境では幸福を感じやすく、将来についてポジティブになります。**繊細さ、敏感さとは〝良くも悪くもまわりの影響を受けやすい〟ことなのです。**

鈍感な人はまわりの影響をあまり受けません。飲食店でテレビの音が大きかったとしても気にしないでしょう。職場でだれかが叱られていても、「自分には関係ない」と考えることができます。

しかし、まわりからの影響は、ネガティブなものだけではないのです。飲食店では、オシャレな音楽も流れているかもしれません。職場でだれかが褒められていて、まわりの人がやさしい気持ちを感じているときもあります。鈍感な人は、まわりで起きているポジティブなことにも気づけないことがあるのですね。

繊細さ・敏感さが弱いと…
感情の振れ幅が小さい
ネガティブ
ポジティブ
大丈夫かな～
きれいだな～～

繊細さ・敏感さが強いと…
感情の振れ幅が大きい
ネガティブ
ポジティブ
大丈夫!?
きれい～!!

○繊細さは会話中にも発揮されます

繊細さ、敏感さを持つ人は、ささいなことも見逃さずチェックして、反応してしまいます。当然、人との会話中も繊細さ、敏感さは発揮されます。

たとえば、会話中にふと無言になる瞬間があります。意識して無言になったわけではなく、たまたま無言になっただけです。しかし、繊細さ、敏感さがあると無言からもさまざまな影響を受けます。たとえば、会話をしている相手について次のように想像がふくらみます。

- 「あれ？　怒ってる？　嫌われた？」
- 「私の話がおもしろくなかった？」
- 「折り入っての相談事でもあるのかな？」

あなたが疲れていたり、人にたいして不安感を持っていればネガティブなことを考えるでしょう。とくにストレスを感じておらず、相手にたいして好意を持っていればポジティブなことを想像します。もっと相手から情報をあつめようと、相手の顔をのぞきこむように見るかもしれません。当たり障りのないことを話し、相手の機嫌をうかがうこともあるでしょう。

相手がいつもニコニコしてやさしくしてくれるタイプなら、安心して話せます。逆に難しい顔をして威圧的に話す人なら、萎縮してしまうでしょう。もちろん、これは繊細な人以外も影響を受けることです。

しかし、繊細な人はより影響を受けやすいのです。感情の振れ幅や刺激に対する反応が大きいとお考えください。感動しやすく、喜びを見つけやすい一方で、少しの攻撃や怒りで疲れてしまうことがあるのです（ただし、繊細さ・敏感さは個人差がある点に注意が必要です）。

3 ありのままの自分でいられる場所を選ぶ

繊細さ、敏感さによりネガティブな影響を受けた場合は、どのようにすればいいのでしょうか？

「自分を変えなければならない」と思う方が多いのではないかと思います。

自分を変えるのは、かんたんなことではありません。

HSP気質は約47％が遺伝で説明されます。のこりのおよそ50％は、成長していくなかで個人差がでてきます。子どものころの環境により、感受性にかかわる脳神経がつくられます。

敏感さと臆病はちがいます。敏感さとは新しい状況をしっかりとチェックしたい、という気持ちです。臆病とはささいなことをこわがることです。繊細さ、敏感さがあるとネガティブなことだけを感じやすくなるのではなく、心地よさなども感じやすくなります。おびえているだけであれば、それは繊細さ、敏感さではなく、別の課題があると考えられます。不安な日々を過ごした結果、まわりの刺激がこわくなった場合は敏感さとはいえないでしょう。

敏感さを持つと刺激にたいして大きく反応します。騒音、怒鳴り声のようなだれもがストレスと感じる刺激にかこまれていれば、より過敏に反応するでしょう。人間関係が安全で、自然にかこまれて生活すれば多少の刺激は受け流せる余裕が生まれます。

このように、複雑な関係性で繊細さ、敏感さがつくられます。**かんたんに手放せるものではないのですね。**

くり返しになりますが、HSPとは〝良くも悪くもまわりの影響を受けやすい〟ことです。あなたの繊細さ、敏感さが生きる方向に進んでいくことが大切です。

○ありのままの自分で評価される居場所を選ぼう

一緒に住んでいるあなたの家族が、つらい気持ちを隠して一人で悩みを抱え込むことが多いタイプだとします。

繊細さ、敏感さがあれば相手のふとした行動から悩んでいることに気づける可能性があります。たとえば、次のようなささいな言動も気づきになります。

- **帰ってきたとき、靴を脱ぐのがいつもより遅かった**
- **ため息が多い**
- **会話がワンテンポ遅れる**

もちろん、相手をしっかり見ていれば、繊細さに関係なくこうしたことに気づくことができます。

しかし、繊細な方は気づくだけでなく、起こったことについて深く考えます。「なぜこのようになったのだろう?」と考えるのです。**1つのできごとについて、そうなった理由や答えをいくつも探すイメージです。**

ささいなことからおかしな様子を感じとったら、「どうしたの? 今日なにかあった?」と言葉にする繊細な方が多いのではないでしょうか。このあとの相手の反応で繊細さ、敏感さが評価されるかが決まります。

評価してくれる人であれば「気づいてくれてありがとう」と言うでしょう。評価しない人であれば「どうでもいいだろ!」と怒るかもしれません。気づかれるのがわずらわしいのです。

同じ言動でも、受けとる人によってとらえ方が変わります。そもそもどのような性格にも、良し悪しがあるもの。繊細さ、敏感さもいい部分・悪い部分があります。

繊細な方に気をつけてほしいのは「あなた、繊細すぎない?」と言う人です。繊細さ、敏感さに悪い印象を持っているこうしたタイプに、ムリに近づく必要はありません。**相手のために自分を変えるのではなく、自分のために居場所を選ぶことが大切です。**

会話でも繊細さ、敏感さの評価は変わります。あなたがおだやかに話しているとしましょう。なかには「もっと元気に話せ！」と指示してくる人がいるかもしれません。大きな音のする建築現場のように、声を張りあげないと人と会話できない場面もありますよね。このような職場を選べば、毎日しんどいでしょう。

しかし、私のような相談業では声を張りあげることはありません。おだやかで丁寧に話すことが求められるため、そのように話すのは長所になります。今の自分のままで、繊細さ、敏感さの評価される環境を選びましょう。

第1章

会話中のモヤモヤをふり返る

1

相手の機嫌を考えすぎてしまう

「人と仲よくなることが苦手です。相手の顔を見ていると、目が笑っていないことや、表面的に会話をしてくれていることに気づいてしまいます。機嫌をとるための行動に必死になって、打ち解ける前に仲が保てなくなってしまいます」

繊細な方から、このようなご相談を多く受けます。相手のささいな言動から機嫌の具合を察してしまい、それをよくしようと空まわりしてしまうのですね。

私も同じ経験があります。学生時代からの大親友でも、一緒にいると機嫌を気にしてしまっていたときがありました。今でこそ沈黙も平気になりましたが、無言がこわくて話題が途切れないよう、ムリやり話をしていたこともあります。

繊細な人は、人間関係で情報過多になりがちです。

人の表情や声・話し方は、情報の宝庫です。繊細さがあると、ちょっとした声のトーンの変化にも気づいてしまいます。歩いたときの靴音で、相手の機嫌を考えてしまう方もいらっしゃいます。相手の眉毛が少し動いたからといって、機嫌の悪さと結びつける必要はありませんよね。しかし、繊細さを持っている人は、相手がそうなった原因を見つけようと、頭をフル回転させてしまうのです。

本来、相手の機嫌におびえる必要はありません。機嫌が悪かったとしても、あなたが原因とはかぎらないためです。「お腹がへった」「家族とケンカした」「寝不足だ」、こういったことが原因で、相手は機嫌を悪くしているかもしれません。

相手のお腹が空いていたら、あなたが食事を出さないといけないのでしょうか。

会話で相手の機嫌が悪いと感じたら、その場を去ればいいのです。ムリに会話をつづけて、相手を喜ばそうとする必要はありません。

○情報をへらすことで、今より話しやすくなる

その場からかんたんに離れられないときもあります。そこで、**相手の機嫌を意識しすぎるのなら、入ってくる情報をへらしてみましょう。**

座る位置を変えるだけでも、相手からの情報をへらすことができます。行動心理学では、人と向かいあって座ると緊張感が高まることがわかっています。これは、顔を見る時間が長くなるためです。ななめに座ると顔を見る時間はへり、話しやすくなります。横にならんで座れば、ほとんど顔を見る必要はありません。緊張感がへり、仲間意識にもつながります。

大きな声が苦手なら、そのような声を出しづらい環境で人と話すのもいいでしょう。

落ち着いたカフェ、シーンとしている空間。こうした場所では、大きな声を出すと注目されますよね。相手もそのような声を出しづらくなります。

相手に集中しすぎないことも、相手からの情報をへらす助けになります。たとえば、外で歩きながら会話すれば、景色や自然の音が情報として入ってきますよね。集中する場所が分散されます。自然にはリラックス効果がありますので、緊張感も和らぎます。

もちろん、刺激や情報が多すぎるとかえって疲れます。相手にまったく集中できないのも問題ですよね。緑の多い自然を感じられる場所のように、強すぎない刺激を選ぶことがポイントです。歩きながらの会話でも、人通りの少ない場を選ぶことを心がけましょう。

POINT

相手から受ける情報をへらし、緊張をへらす環境づくりをしよう

2

空気が読めないと言われても嫌われているわけではない

繊細な方は「自分があたえる影響を深く想像する、考える」と「はじめに」でお伝えしました。当然、会話中にもいろいろなことを細かく考えています。

たとえば、あなたが話しているときに相手がつまらなそうな表情をしたとしましょう。実際は、知らない内容だったので興味をもてなかっただけです。でも、繊細な方は「話してはいけないことを話したのかもしれない」のように、想像をひろげます。なにも悪くないのに「ごめんね」と謝り、相手におどろかれるケースもあります。

よく「**空気が読めないと言われて困っています……**」というご相談をいただきます。

繊細な方は空気が読めないのではなく、考えすぎて空まわりをしています。**考えすぎる、とは物事について想像をふくらませて、自分なりに解釈しすぎる状態です。**

相手は困っていないのに、あなたが「困っている」と想像し、助けようとしたらどうでしょうか。相手はかえってとまどうでしょう。

人は頭の中だけで考えると、何事もネガティブにとらえやすくなります。考えすぎた結果「ここで助けなかったら、私は嫌われる？」などと想像して、不安になってし

まうのですね。不安はあせりにつながり、しなくていいはずの行動をしてしまいます。

このようなことをくり返すと、人とかかわる自信を失ってしまいます。よかれと思った行動で失敗してきたので、人へ親切心をだせなくなるのです。親切心があるのに助けられない場合、「自分はなにもできない」と落ち込むでしょう。ますます自信を失ってしまいます。自信を失えば自分から会話を進めたり、人に声をかけることもこわくなってしまいます。せっかくのあなたの親切心が、生かされなくなってしまうのです。

○あなたのおかげで相手が喜んでいることもある

大切なのは、**「空気が読めないと言われても、嫌われているわけではない」という考え方をすることです。**

そもそも、完ぺきな人はいません。いろいろなことを考えて黙り込んでしまったとしても、その気持ちを理解してくれる人はいるでしょう。考えすぎる部分を「やさしいんだね」と言ってくれる人もいるかもしれません。
自分のことをわかってくれる人がいると気づけば、今度は自分が相手にポジティブな影響をあたえている可能性にも気づけます。

私は学生のころ、掃除が好きでした。ある日、同じように掃除が好きな子と、熱心に草むしりをしながら話をしていました。その姿を見て、掃除が苦手だった子も進んで掃除をするようになりました。草むしりをしつつ、会話をするのが楽しいと気づいてくれたのです。

このように、自分が好きでやっていることが、だれかに影響をあたえることがあります。あなたの会話で相手が無言になったのは、あなたのひと言が胸に響いたからかもしれません。ささいなひと言が「ありがとう」につながることもありますよね。

自分があたえる影響は、ネガティブなものばかりではありません。

たとえば、あなたが一緒に住んでいる家族が外で働いているとしましょう。仕事が終わって帰ってきたとき、いつもよりも靴を脱ぐのが遅かったり、コートをハンガーにかけるのに時間がかかっていたとします。

たったこれだけのことでも「仕事でこまったことがあったのかもしれない」と想像することができます。「今日は疲れた？」と声をかければ、相手は気持ちを察してくれたと思い喜ぶでしょう。

気づきやすい、とはささいな変化に気づいて相手を元気づけられる・勇気づけられることでもあるのです。相手の喜びや、ワクワクを想像して会話を楽しんでみましょう。

POINT

ネガティブな想像だけでなく、
ポジティブな想像もしてみよう

3 声の大きさ、話す内容にも相性がある

「私、友達を尊敬しているんです。一緒にいて落ち着くし、会話も楽しいです。でも……声の大きさだけが苦手で、悩んでいます」

このようなご相談もいただきます。これは、声から不機嫌さや攻撃的な面を感じとってしまうのが原因です。

人は会話内容の前に、声の大きさやトーンなどを情報として受けとります。繊細な方には、声質の合わない方、声の大きな方を苦手とする方が多いです。

刺激を気にしないように努力しても、限界があります。たとえば、家のまわりが工

事中で騒音が激しい状況を想像してください。気にしないように努力しても、気になってしまうものでしょう。
声の大きさも、普段のあなたなら受け流すことができるかもしれません。でも、毎日を絶好調で過ごせるわけではありませんよね。疲れたとき・仕事でミスをしたとき・寝不足のとき・空腹のときなど、普段の自分ではない状態だと怒りの沸点が下がってしまいます。少しの刺激でイライラしたり、感情が出やすくなります。刺激の強い人が身近にいるのであれば、普段から疲れる前に休み、自分自身に余裕を持つことが大切です。

声の大きさやトーンに問題がなくても、会話内容が刺激的だと「ギョッ」としてしまいます。命令口調であったり、なにかを攻撃する発言は聞いていて心地よいものではありませんよね。人の脳は原始的な部分があり、主語を理解しない特徴があるといわれています。自分以外のだれかに対する発言でも、自分が言われているように感じてしまうのです。

○自分にとっての相性のいい人を考えてみよう

繊細な方からのお悩みで多いのが、**「下品な言葉」「痛みを感じるような発言」が気になってしまうこと**です。ネガティブな内容や生々しい心理描写に共感しすぎてしまい、疲れてしまうのですね。

身のまわりに大きな声の方、威圧的な発言、刺激的な発言をする方がいると「こわい、苦手だ」と感じます。ただでさえ刺激的なのに、相手の機嫌を悪くして攻撃されたくはありません。ご機嫌をとるようになってしまいます。

繊細な方であれば、まわりは「それほど威圧的に伝えていない」と思っているときに、不安を感じてしまうこともあります。普段より言葉数が少ないだけでも「怒ってる？」と考えたり、足音1つで相手の機嫌を想像し、報告や連絡ができなくなる方もいらっしゃるのです。

相手に悪意がなかったとしても、人には相性があります。

声質が合わない、言葉づかいが合わないのも相性と考えましょう。「このくらい我慢しなきゃ」と耐えてしまうと、この先もずっと耐えつづけることになります。相性が悪いと、よほど尊敬できる部分がないかぎり、長く一緒にいるのは疲れてしまいます。自分のためにも、相性のいい相手を考えてみましょう。

POINT

声質や言葉づかいにも相性があることを知ろう

4 「自分の話を聞いてもらえない」と思ったら

「いつも人の話を聞いてばかり。突然横に座って愚痴を話す人もいます。自分の話をなかなか聞いてもらうことができず、困っています」

こちらも、私のもとによく届くお悩みです。

繊細な方は、ごく小さなことにも気がつきます。人のささいな表情の変化や、足音1つでも相手の機嫌を考えてしまうことがあります。ちょっとした言動からいろいろなことを感じとるので、困っている人や悩んでいる人にも、いち早く気づきます。

困っていることにいち早く気づいてくれたら、相手のことを好きになり「もっと話を聞いてほしい、相談にのってほしい」と思いませんか？　困っている人に気づきやすい繊細な方は、まわりからそう思われることが多いようです。「気がついたら相談役ばかり」ということも少なくありません。

自分の話したいことが話せず、聞き役、相談役ばかりでは疲れてしまいます。また、困っている人たちが話す内容は「悩み」が多くなるでしょう。自然と、ネガティブな内容・聞いていてつらくなる内容が多くなります。

ＨＳＰ気質は良くも悪くもまわりの影響を受けやすいもの。ネガティブな話が多ければ、共感して疲れてしまいます。あなたもネガティブニュースを見てつらくなった経験はないでしょうか。これと同じ状況になってしまうのですね。

○自分のことを労わりながら、会話をしよう

人間関係のポイントに「**コストと報酬のバランス**」があります。プレゼントをもら

ったら、同じくらいの値段のプレゼントを返そうと思いますよね。この心理がコストと報酬のバランスです。

人の話を聞くことは「時間・労力」を相手にあげている状態です。コストと報酬のバランスに当てはめると、「同じくらい自分も話を聞いてほしい」と思うのが自然です。

聞き役・相談役だけに徹していると、人間関係にモヤモヤします。自分の話も聞いてほしいときは、素直に伝えてみてください。

そうはいっても、なかなか伝えられない方も多いでしょう。そういう場合は「1つ話したいことがあるんだけどいい？」のように、相手にたいして配慮する気持ちを意識しましょう。相手を労わる気持ちをつけくわえるだけで、こちらも会話を進めやすくなります。たったこれだけで、コストと報酬のバランスがとれて、人間関係にモヤモヤしづらくなるのです。

なかには、あなたの話を聞こうとしない人もいるでしょう。彼らはあなたを「話を聞いてくれる都合のいい人」としか見ていなかった人たちですので、あなたが話をしようとすれば去っていきます。あなたに時間や労力をあたえたくないからですね。

困っている状況に気づいて、手を差し伸べられるのは素晴らしいことです。しかし、自分自身をボロボロにする必要はありません。助けたら助けてもらってもいいのです。

悩みを聞きつづけて疲れてしまうのなら、「今日は疲れているからまた今度ね」と断ってもかまいません。**相手に自分の労力をあげているのですから、自分を労わらないとヘトヘトになってしまいます。**

POINT

聞き役・相談役をしたら、あなたの話も聞いてもらおう

5

まわりの刺激から自分を守る

繊細で、さまざまな刺激に敏感な方は、刺激の多い場所で会話に集中できないことがあります。「聴覚」「視覚」「触覚」「嗅覚」「味覚」の五感それぞれから、刺激を受けるのです。

○音の刺激から守る

繊細な方にどの五感が敏感か、YouTubeでアンケート調査をしました。あつまった7520票のうち、もっとも多く票をあつめたのが聴覚です。合計で4662票。

アンケートに答えてくれた62％の方が、**五感の中で音にとくに敏感**なことがわかります。

たとえば、カフェで友達と話しているとしましょう。まわりから聞こえてくる音が心地よいBGMや、ほかの人の会話ぐらいなら問題ないかと思います。これは疲れにくい弱い刺激です。

でも、店内のテレビでネガティブなニュースが流れていたり、声の大きな人がいると、それらが気になってしかたがなくなります。友達との会話も耳に入らず、イライラモヤモヤしてしまいます。人によっては、事件や事故のニュースを耳にしたことで、思わず涙ぐんでしまうケースもあります。

短い時間で疲れてしまい、友達との楽しい時間も「疲れる時間だった……」と感じてしまうでしょう。まわりの情報で疲れたはずなのに、その友達との相性が悪かったとまちがったとらえ方をする方もいらっしゃいます。

雑音や騒音が気になるのなら、静かな場所で会話をしましょう。人が多ければ雑音もふえやすくなるので、**人の少ない場所**で話すことがおすすめです。室内ではなく室外なら音のエネルギーも分散しやすいため、**公園やテラス席での会話**もおすすめですよ。

○ 視覚の刺激から守る

聴覚につづいて票をあつめたのが視覚です。たくさんの人が動いていたり、強い光があると集中できない……という内容で悩む方が多いのです。カフェにいるとき、店員さんが研修中の札をつけていれば、ミスをしないか気になってソワソワしてしまう人もいるでしょう。

繊細な方から、美容院が苦手だという声も届きます。とくに、壁がガラス張りになっていて、外の様子が見えるお店が苦手な方が多いようです。外を歩いている人が気になり、美容師さんとの会話に集中できず、疲れてしまうのですね。

刺激が多いと、会話に集中できない可能性があることを覚えておきましょう。これを前提に考えることで、話す前に刺激に合わせた対策がとれます。

美容院では髪の毛を洗っているときに、目もとにフェイスガーゼを置いてくれるところが多いですよね。髪を切っているときは会話がはずまないのに、シャンプー中は会話に集中できたことはありませんか？　これはフェイスガーゼで視覚情報がへり、リラックスできるためです。

髪を切っているときでも、あなたが目を閉じれば視覚情報はなくなります。まわりを気にせず会話に集中できるでしょう。

POINT

会話中はまわりが気にならない環境を整えよう

6 話の流れはどうしたら変えられる？

会話で「**話の主導権をにぎれない。本題に進めることができない**」と、悩んだことはないでしょうか。

繊細な方は、自分の行動がどのような影響をおよぼすかを深く考えます。たとえば、会話中に話題を切り替えたいときも「嫌われないかな？」「急に話を変えて不自然じゃないかな？」と考えてしまうのです。

このように自分から話を切りださないと、相手が話し終えるのを待つか、相手から「で、今日はなんの話だった？」と言ってくれるのを期待することになります。でも、相手が期待した行動を毎回とってくれるわけではないですよね。自分から話を切りださないと、そのまま時間だけがすぎてモヤモヤしてしまいます。

先ほど「繊細な方は、聞き役、相談役が多い」とお伝えしました。これにも関係するのですが、**会話で受け身がつづくと自分からどう話せばいいのかわからなくなります。**相手に話してもらうことに慣れすぎて、自分の話をする機会が極端に少ないためです。

話の本題がだせないと、仕事でもプライベートでも悩んでしまうことが多くなります。仕事では、連絡や相談、報告をどのように切りだせばいいかわからなくなってしまうでしょう。

重要な内容を話したいときも、なかなか言いだせずに困ってしまいます。たとえば、恋人に別れ話をしたいとき、相手を傷つけない伝え方を考えつづけてしまい、答えが出なくなります。これでは別れ話を切りだせません。ズルズルと付き合いつづけ、突然連絡をとれなくする……という別れ方を選ぶこともあります。これではおたがい傷ついてしまいますよね。

○ちょっとしたひと言で、さらりと話題を変えよう

話の切り替え方は、もっとラクに考えていいのです。次のような言葉を入れるだけでも自然に話題を変えることができます。

- 「ちょっと話が変わるんだけど」
- 「今日の本題だけど」
- 「話が長くなりそうだから、先に本題に入っていい？」

相手に恋愛の相談がしたいのに料理の話がつづいているとしましょう。会話の流れをいきなり恋愛に変えることは難しいですよね。自炊の話から「今度のバレンタイン

のチョコも手づくりする？」といきなり切り込むことも不自然です。この場合、会話が止まったときに「ちょっと話が変わるけど、恋愛相談したかったんだ」と伝えた方が自然です。

会話の内容を変えることは、悪いことでも攻撃でもありません。だれもが日常のなかでしていることです。学校の先生だって、授業中にいきなり雑談をはじめる人が多かったのではないでしょうか。

話を切り出しにくいときは、トイレにでも行き、席にもどるタイミングで今日の本題を話すようなひと言を伝えてみましょう。

POINT

話の流れを変えるときは、
別の話をするためのひと言を伝えよう

7 雑談の場から自然と離れるコツ

雑談も大事なコミュニケーションのひとつ。人は中身のない会話をすることで、ホッと安心することができます。しかし、忙しいときに長々と雑談されるのは困ってしまいますよね。

繊細な方は、まわりのささいなことも感じとってしまいます。雑談の場から離れようとしても、まわりの楽しんでいる時間に水を差すイメージを持ってしまうのです。

あなたのまわりにも雑談が大好きな人はいないでしょうか？　たとえば、終わらないご近所さんとの井戸端会議。お子さんを幼稚園バスに送ったあとの雑談などがわかりやすいと思います。本当は帰りたいけれど帰れない……このような葛藤をずっと抱えたままだと、心は疲れ切ってしまいます。

職場の場合、仕事が一段落ついた人が話しかけてくるケースがあります。こちらは忙しくても、相手は時間が余っているのでどんどん会話をつづけます。同僚ならまだしも、先輩や上司など立場が上の人だと気をつかいます。つい会話をふくらませてしまい、イライラ、モヤモヤすることもあるでしょう。

繊細な方が雑談の場から離れるためには、自分があたえる影響を小さく考える必要があります。雑談の場から離れるときに、次のような想像をしていませんか？

- 私がいなくなったあとに、悪口を言われているかもしれない
- 付き合いが悪いと思われるかもしれない
- 自分以外の人が仲よくなっていき、自分が孤立するかもしれない

実際は、だれか1人が抜けたくらいでその場はなにも変わりません。もし、悪口を言うようなグループであれば、あなた以外のだれかが去ったときもヒソヒソ話がはじまります。そんなグループの仲間入りをしたいでしょうか。むしろ、早く交流を絶った方があなたの悩みがへるはずです。

○自然と離れられるようになるコツ

自分があたえる影響を小さく考えるコツは、自分以外のだれかが同じ行動をとったときの影響を考えることです。雑談から離れる場面でいうと、みなさん、ごく自然にその場を去っていくと思います。それについて付き合いが悪いと考えることもありませんよね。ですから、あなたも雑談の場から離れたところで、たいした影響をあたえることはないのです。

その場をスマートに去るための理由が浮かばない方もいるでしょう。その場を去る際に明確な理由があれば「そろそろ行くね」と立ち去りやすいものです。

おすすめの理由は、「仕事」「買い物」「忙しさ」です。

たとえば、朝、ゴミ出しついでにご近所さんと会話になったとしましょう。「私、仕事と朝の準備があるから行かなくちゃ」と伝えれば相手に理解してもらいやすくなります。「すみません」とだけ謝って理由を言わずに去ると、あなたもあとで「どう思われたかな？」とモヤモヤしてしまうでしょう。

職場であれば仕事を理由に雑談を区切るのがおすすめです。「今日、急ぎの書類提出があって」のように伝えてみましょう。「仕事」と「忙しさ」の組み合わせで、雑談を終わらせやすくなります。

人間関係をギクシャクさせないために「申し訳ありませんが」のようなクッション言葉をくわえることを忘れないようにしてください。相手から嫌われるのが目的ではないので、丁寧に断ることが大切です。

人は、基本的に伝えないと「わかってくれない」生き物です。あなたがなんとなく話を流していたとしても、ひたすら会話をしたい人には伝わらないもの。そのため、あなたから理由を伝えて、その場を去ることが必要です。

その場を去るポイントは、立ち去る言葉を伝えたらすぐに抜けることです。再び雑談がはじまると、その場から立ち去りづらくなってしまいます。

POINT

雑談の場を抜けてもたいした影響はない。
ひと言を伝えたらすぐに立ち去ろう

8

ムリに相手を喜ばせようとしなくて大丈夫

コミュニケーションとは、心の通じ合いのことです。おたがいの気持ちを確かめたり、考えや情報を交換していくものですよね。会話とは、コミュニケーション方法の1つでしかありません。

しかし、繊細な方のご相談にお答えしていると、**会話にコミュニケーション以上のものを求める方がいらっしゃいます。会話によって強い安心感であったり、心地いい空間を丁寧につくろうとするのです。**

会話で相手を喜ばせようと考えるのは、もちろん素敵なことです。でも、多くの人は会話のプロではありません。芸人さんや落語家さんのように、会話の知識を学んでいるわけではありませんよね。

あなたがムリをして全員を笑わせようとするのは、会話にコミュニケーション以上のものを求めている状態です。この状態がずっとつづくと会話に疲れて、モヤモヤしてしまいます。

あなたがまわりに気をつかって、ムリをすればするほど、本来の自分とは遠い自分を演じることになります。

人は、人のごく表面的な部分しか見ていません。ムリをしてずっと明るくふるまっていると、まわりの人はあなたのことを「ポジティブで笑わせてくれる楽しい人」と思います。**繊細な方は、そんなまわりの期待に気づき、より本来のものではない自分を演じてしまうのです。**

そうしたまわりの期待に気づけば気づくほど、会話のプレッシャーは大きくなっていきます。そのうち、人と会うのがこわくなり、人と話したくないと思うようになるでしょう。「自然に会話をするってどういうことだっけ？」と、安心して話すことを忘れてしまう可能性だってあります。

○なにげない会話で大丈夫

会話はキャッチボールですので、おたがいがキャッチしやすいボールを投げていればいいのです。まわりからおどろかれるような投げ方をする必要はありません。かっこいい必要もないですし、早く投げる必要だってありません。

連絡であれば「今度の遊びの連絡です。お店ってここで大丈夫？」のように、最初に連絡と伝えればわかりやすいですよね。

おたがいの信頼関係を確認したいのなら、なにげない中身のない会話でかまいません。天気の話だっていいのです。中身のない会話を安心してつづけられるのは、いい関係をきずけている証拠でしょう。一緒にいてモヤモヤする人となにげない会話をしたいとは思わないはずです。

私は大親友と一緒にいるときでさえ、相手に気をつかって話しかけていた時期があります。自分の話をすることで「相手に迷惑をかけるのでは？」と思い込んでいたのです。私が気をつかえば、親友も気をつかいます。おたがいに話す内容に気をつかい、楽しく会話をすることができませんでした。

でも、最近興味を持ったこと、共通の話題、恋愛トークなど……。だれもがするような会話をしたところ、おたがい話が盛り上がり自然に話せるようになりました。ムリにおもしろい話をする必要はなかったのです。

「相手を笑わせないと」など、使命感や義務感を持って話すことをやめましょう。結果的に、おたがい気をつかって疲れてしまいます。

POINT

会話で人を喜ばすのは、その道のプロに任せよう

9 生々しい話に疲れてしまったときの自分の癒し方

人のつらい話、苦労話を聞くと一緒になって落ち込んでしまうことがあります。これを「共感疲労」といいます。**繊細な方は、とくに共感疲労をしやすいです。これは、相手の感情を、そのまま自分のことのように受け止めてしまうためです。相手と自分の境界が曖昧になっている状態をイメージしてみてください。**

繊細な方のなかには人を助けたい気持ちから、医療や福祉系の仕事を選ぶ方がいます。私のアンケート調査では、介護士・看護師を選ぶ方が多くいらっしゃいました。

介護士・看護師の繊細な方からは、次のようなお悩みが届きます。

「夢だった看護師になりました。でもグッタリしている患者さんの姿を見るとつらくなります。最初は元気だったのに、弱っていく姿が見ていられません。どうしたらいいでしょうか」

ほかにも、身近な例として、相談を聞きすぎて疲れてしまう方もいます。

「友達が恋人とひどい別れ方をしました。話を聞いているんですけど、内容が生々しくて……。私まで腹が立ってしまい、疲れてしまいます」

「人を助けたい」という気持ちがあっても、自分が落ち込んでしまえば、まわりの悩んでいる人を助けることはできません。溺れている人が溺れている人を助けられないのと同じです。

○言葉にできれば、疲れは軽くなる

共感疲労を軽くするためには、まず人から悩みを聞いたときに自分がどのような気持ちになったのかをメモしてみましょう。言葉にすることで、落ち込んだり、つらい気持ちに共感して疲れたことに気づけると思います。

普段の自分とのちがいに気づくと、どれくらい疲れがたまっているかにも気づけます。そうすることで、あなたもだれかに悩みを話したり、気分転換が必要なことがわかるのです。

カウンセラーの資格をとる際は、共感疲労で悩まないためにストレスのセルフケアを学びます。日ごろから共感疲労をしやすい状況であれば、このようなセルフケアを学び実践することが助けになります。

自分の疲れに気づけたら、疲れた心をほぐすために、自分にあったストレス解消法

をためしましょう。運動・歌う・可愛いものを見る・マインドフルネスなど、いろいろな方法があります。解消法は多ければ多いほどいいので、気になったものがあれば日々の中でどんどんメモすることがおすすめです。

そして**ストレス解消法をためしたら、自分の気持ちがどうなったのかを考え、これもメモします。**気持ちが晴れたのであれば、共感疲労を和らげるストレス解消法が見つかった証拠です。これからも、その方法をためしてみましょう。

共感疲労をしてしまうのは、あなたがそれだけ親身に話を聞いている証です。仕事であれば感謝されるでしょうし、あなたを信頼してくれる人もでてくるでしょう。悪いことばかりではありません。

共感疲労をしやすい職場にいる方は、日常的にストレスのセルフケアをためしましょう。「職場では共感疲労しないけど、友達の相談を受けることが多く疲れやすい」という方は、気晴らし方法を相談の前に考えてみてください。

ネガティブな気持ちにたいしては、すぐにポジティブな行動・気晴らしをすることがおすすめです。ぜひおためしくださいね。

POINT

共感疲労に備えて、ストレスのセルフケアを実践しよう

10

友達や知り合いに本心を出せないのなら

あなたは、どのような場面でも愛想よくふるまっていないでしょうか。

愛想をよくすると、付き合う人がふえていきます。もともとの性格なら問題ありませんが、嫌われたくないからとムリに愛想よくふるまっていると疲れてしまいます。

私も、人がこわくてニコニコと愛想笑いばかりしていた時期がありました。まさに八方美人の状態です。

繊細な部分があると、相手の機嫌を敏感に察してしまいます。相手の機嫌を損ねる

これから〇〇に
行かない？
賛成！
いいね～
人が多いから
本当は〇〇が苦手だけど…

のは、強い刺激ですよね。強い刺激は気疲れの原因です。気疲れしたくないので、自分を守るために愛想よくふるまっていました。

　この状態で愛想を振り撒きつづけると、不思議なことが起こります。友達や知り合いは多いのに、自分の本心を話せる人はいないのです。

　まわりに人が多いのに孤独を感じる性格のことを、**外向型孤独症**といいます。「症」と付いていますが、病気ではありません。

　外向型孤独症の方は、**表面的には明るく活発にふるまいますが、心の中では糸が絡**

まっているようにモヤモヤと考えごとをしています。具体的には、次のような特徴を持っています。

- 慰めることは多いが、慰められることは少ない
- 小さなころから物分かりがよかった
- なにげないひと言で傷つくが、他人には気づかれない
- 外では元気だが、家の中ではおどろくほどおとなしい
- 人との交流が終わったあとにホッとする

繊細な方のなかにも、外向型孤独症を見かけます。**日々の気疲れでボロボロの状態なのに「人に心配をかけたくない」と、疲れている姿を隠してしまうのです。**なかには疲れが積み重なってどうしても会社に行けなくなり、家族には出社する姿を見せてじつは公園で休んでいた、というケースもあります。

○まわりが求める自分像にふりまわされなくていい

必要以上に愛想よくふるまったり、まわりが求める自分を演じるのは他人の評価を恐れているからです。**他人が離れていくのがこわくて、他人を意識した自分をつくってしまいます。**

この状態になると、人の一挙一動で気持ちがコロコロ変わります。褒められたら好きになりますし、叱られたら「好かれなきゃ！」とご機嫌をとるようになります。

でも、人の好き嫌いなんて自分で決めていいのです。多くの人から尊敬される人でも、あなたが苦手だと思えば、その人は苦手な人物です。

自分の本心を出すために、まずは、まわりが求める言葉を察してしまうことから卒業しましょう。相手が褒めてほしそうだから褒める、というのはご機嫌をとる行動ですよね。褒めてほしそうでも、ふさわしい行動をしていなければ褒める必要はありません。

まわりが求める自分にならなくてもいい、と気づけるとご機嫌とりも終わります。愛想よくふるまわなくても、ちゃんと付き合ってくれる人がいることに気づけたら、自分の本心も少しずつだせるようになっていきます。

もちろん、いきなり上手にできるものではありません。まずは10回に1回でかまいません。ほんの少し、人の機嫌をとらない行動がとれたら大成功です。

人はつい完ぺきを求めてしまいます。まわりに100％流されなくなる自分がつくれなくてもいいのです。いきなり、素の自分を全部出す必要はありません。半分自分らしくふるまえるようになったら大成功のイメージで意識をしてみてください。

POINT

あなたらしい行動をとることで、
素のあなたを好きな人たちがあつまってくる

COLUMN 1

できる自分、理想の自分を手放そう

日々、繊細な気質を持つ方々とお話をしていると、完ぺきさを求める方が多いなと感じます。

人から関心を持ってもらうために「人の期待に応える・人より優れた自分をつくる」という気持ちがあると、なんでもできる人物を目指してしまいます。

たしかに、自分を守るために完ぺきさを求めるのはわかります。完ぺきな自分だったら、相手からなにを言われても動じないでしょう。

でも、完ぺきな人物なんていないのです。

たとえば、木村拓哉さんは完ぺきな男性像に近いと思う人が多いのではないでしょうか。イケメンで、さまざまな映画やテレビドラマで大活躍していますよね。私がたまたま見たテレビ番組では、流鏑馬《やぶさめ》で見事に矢を的中させていました。

しかし、芸能人の方は当然、プライベートを犠牲にしています。自分の時間は少なく、外を自由に歩くのも難しいでしょう。日々なにかと数字と向き合って悩んでしまう瞬間もあります。当然、木村拓哉さんも私たちと同じように悩みはあるかと思います。

できる自分・理想の自分がどういう人物か、ためしに紙に書いてみましょう。

次のような人物像になっていませんか?

- だれから見ても素敵と言われる
- 仕事ができる、後輩から慕われている、上司から頼られている
- 素敵な恋人がいる
- 年収が高く、やりたいことが仕事になっている
- 社会的地位がある、高いキャリアがある
- 多趣味、趣味のレベルが高い

紙に書くことで「なれっこない人物になろうとしていた」ことに気づけます。スーパーマンを目指しても、どこかでヘトヘトになるだけです。

それよりも、できない部分を認め、今の自分で目的を達成することを考えてほしいと思います。

今のあなたを好きと言ってくれる人が、きっといると思います。身近でいないのなら、そういう人を見つけるため新しい場所へ出かけることが必要です。

好かれるために何者かになるのではなくて、今の自分の居場所を求めていく方がずっとラクです。仕事でミスばかりしても慕われる人はいますし、下手だけど楽しめる趣味を持っている方だっています。

今この瞬間に目を向ける方が、受けるストレスはへるのです。

私は発信活動を通じて、よく「なんでも知っていてすごいですね」と言われます。

実際は、仕事で悩むことも多く、育児も四苦八苦しながらしています。でも、そんな私だからみなさんの悩みがわかりますし、ライフスタイルも共感してもらいやすいのです。できない自分、不完全な自分でも人から関心を持ってもらえることに気づきましょう。

人一倍敏感で繊細な方は、完ぺきさを求めるより今を大切にする方がずっと気楽に生きていくことができますよ。

第2章

考え方を変えて気疲れを手放す

1

人間関係はバランスがポイント

人間関係には、バランスがあります。あなたのまわりが刺激の強い人ばかりであれば「人と話すと疲れる……」と思ってしまうかもしれません。しかし、話していて気疲れしない人がいれば「人はそれぞれちがう、一緒にいて疲れない人もいるんだな」と気づけますよね。

私には、学生時代にとても言葉の激しい友人がいました。言いたいことはズバっと言うし、ときに攻撃的な言葉を選びます。でも困ったときはすぐに駆け付けてくれ、親身に話を聞いてくれる人でした。だから友人関係がつづきました。

笑顔が多かったのも、関係がつづく助けになりました。人は会話をする前に、相手の顔や声のトーンから情報を得ています。刺激的な発言だったとしても、相手が笑顔だと印象が変わります。あえて相手の顔を見ることで助けになるケースもあるのですね。

そして、ほかの友人たちは比較的おだやかでした。刺激の強い発言もありませんでしたし、鋭い意見もありません。今思えば人間関係のバランスがとれていたなと感じています。

○自分が疲れるタイプを分析しよう

「人との会話が疲れる」と感じたときは、「疲れるからもう人と話したくない」のように極端に考えないよう注意が必要です。

会話に疲れるイコール人が苦手、とはかぎりません。人との会話ではなく、特定の人物との会話が疲れるだけかもしれませんよね。

自分が疲れてしまうタイプを調べたいときは、範囲をひろげていく方法があります。

たとえば、年上の男性に苦手意識があるとして、年上の女性はどうでしょうか。年齢差は、5歳くらい年上の男性であれば気疲れしない可能性もあります。このように年齢、性別などさまざまな要素で範囲をひろげていき、自分が疲れる人たちの特徴を見極めます。

疲れる人たちの特徴がわかったら、その人たちとの接点をへらしましょう。

同時に、話して緊張しない、気疲れしない人たちとの接点をふやします。こうすれば人間関係のバランスがとれ、会話で気疲れする可能性がへっていきます。

もちろんなかには離れられない関係性の方もいます。上司など、会社の人がわかりやすいですよね。離れられない人がいるのなら、その人がいる場所以外では気疲れしないで会話のできる人と話すことを心がけてください。

プライベートでも職場でも会話で疲れる人ばかりにかこまれているのなら、会話に苦手意識を持って当然です。人間関係のバランスを再確認してみましょう。

POINT

会話で気疲れする人としない人の割合を把握しよう

2

好きでも嫌いでもない、グレーな関係を考える

あなたは、初対面の人でも最初から好意を持とうとしていないでしょうか。

人は強い刺激です。繊細な方は人一倍敏感で気持ちが高ぶりやすいので、人間関係による影響も強く受けます。「高ぶる」だとわかりにくい方は「気疲れする・疲れる・興奮する・緊張する」などの言葉に置き換えてみてください。

これまでの環境で人間関係が良好でなかった場合、人にたいして自分を守るような気持ちがでてくるでしょう。「人がこわいけど、人に好かれたい」という思いです。この思いが強まると、最初から人に好意を持とうとし、同時に相手から好意をもらおうと考えやすくなります。

私は20代のころ、八方美人でした。まわりから嫌われないことばかり考えており、人を嫌ってはいけないと思い込んでいたのです。その結果、初対面の人にも媚びるような言動をとっていました。でも、私が媚びるような言動をとっても、まったく好意を示してくれない人たちもいました。そもそも相性が合わない人や、人にたいして好印象を持たない人、物事になにかと恨みを持っているような人です。

私は自分の好意を受けとってもらえなかった感覚になり、相手が苦手になりました。苦手な人とは、距離をとるのが普通だと思います。でも、八方美人の考えを持っていたため、嫌いな人にふりむいてもらおうと必死になってしまいました。その結果、興味のない誘いに参加するなど、お金や労力を無駄にしたことがあります。

相手に好意を持てば持つほど、会話で疲れたり、裏切られた気持ちになりやすくなります。「相手にも自分のことを好きになってほしい」と期待してしまうためです。

「好き」の反対は嫌いではありません。「無関心」です。「好き」も「嫌い」も相手にエネルギーを向けている状態で、相手のことを意識しています。最初に好き嫌いの感情を持つと、相手を強く意識した会話になってしまいます。相手にあまり関心を持たない関係も持てるようになると、人とのかかわりがラクになります。

○ムリに相手を好きにならなくて大丈夫

最初から、相手の好き嫌いを決める必要はありません。**おすすめは、3回会うまで****相手との関係性を決めないことです。** 3回会ったあとの気持ちで好き嫌いのおよその位置を決めましょう。

最初から好き嫌いの気持ちがあると、会話にも影響します。

相手のことが好きでたまらなければ、緊張して声も震えるでしょう。無言がこわくてムリに会話をふやそうとし、早口で相手の反応を待たないで話してしまいます。これでは、逆に相手は困ってしまいますよね。

嫌いな気持ちがあると、相手と話しづらくなります。自分を守るように愛想笑いをふやしたり、ムリに仲よくなろうと、過去の重い話をするなど思い切った自己開示をする方もいるでしょう。しかし、関係性が浅いのに重い話をすることは、相手の負担になることが多いのです。

「初対面から好きになろうとせず、会ってから判断すればいいのか」と思うだけで気楽に相手と会えますよね。相手に好かれたいとか、イヤな人が来たらどうしよう……とおびえる必要がなくなります。

3回ほど会えば相手に慣れていきます。慣れてくると、好きな気持ちが強くても緊張が和らぐでしょう。会っている間に相手の情報も得られます。会話内容なども浮か

びやすく、コミュニケーションもとりやすくなります。

嫌いな気持ちが強まった場合はそれ以上距離を縮めるのをストップしましょう。人間関係は分布図のようなものです。「好き」「嫌い」の両極端ではなく、好き嫌いにも「大好き」や「少し嫌い」があるのです。そのため、これ以上嫌いな気持ちを強めないよう、かかわり方を制限していけばよいのですね。

さらにいえば、好き嫌いはどちらかに決めなくてもいいのです。たとえばスポーツジムで顔を合わす程度の人に、好き嫌いの気持ちを持てるでしょうか。好き嫌いを決めるには情報が少なすぎると思います。**挨拶ができる程度の「好きでも嫌いでもないグレーな関係」と思えば距離感も困らなくなりますよ。**

POINT

好き嫌いは3回会ってから決めよう。情報が足りなければ、挨拶ができる程度のグレーな関係の人と考えよう

3 好意ではなく興味を持ってみよう

相手に好意を持つと、「相手も自分のことを好きになってほしい」と思うのが自然です。なかには、相手に高価なプレゼントを渡したり、媚びるように褒めたり、自分を好きになってもらうために努力をつづける方もいます。

でも、あなたにたいして普通にふるまっている相手は罪悪感を覚えます。人間関係のコストと報酬のバランスに当てはめると、あなたからの報酬が重く感じるためです。そのため、あなたから距離をとろうとして、気軽に話すことができなくなってしまいます。

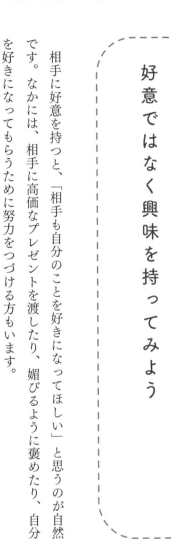

恋愛関係を想像してみましょう。だれかのことを好きになったら、その人とお付き合いをしたいと思う人が多いと思います。そして、好かれるために前述したようなさまざまな努力をします。相手もあなたを好きなら問題ありませんが、まだ気持ちが高まっていないときは困ってしまうでしょう。

最初から大きすぎる好意を向けると、相手は困惑してしまいます。相手はあなたのことをよく知らないので、好き嫌いという感情より「不安、恐怖」という感情がでてしまうためです。よかれと思った行動が嫌われる原因となります。これは、かなり切ないですよね。

○会話を重ねると、好意は自然と生まれる

最初は、相手に好意ではなく興味を持ってみましょう。次のようなことに注目して会話をしたり、相手に直接質問をしてみてください。

- 好きなものはなにか
- なにを学んでいるのか
- 会話をするのが好きなのか、聞くのが好きなのか

人は、自分と似ている人に好意を持ちます。積極的に興味を持つと質問が生まれて、相手の情報が多くなり関係をきずきやすくなります。おたがいの共通点が多ければ、自然と会話も盛り上がるでしょう。その流れで、相手に好意を持つことが多いものです。興味を持ち、会話をひろげることが好意につながります。

話をひろげた結果、自分とは相性が悪いと判断できることもあります。最初から距離を詰めなくてよかったと思うシーンもでてくるでしょう。

相手に好意を持ったとき、本当に相手のためを思って行動できる人は多くありませ

ん。どちらかというと、「相手に好かれたい」という自分のための行動中心になるからです。

興味があると相手を観察する意識が生まれます。そうなると、**好かれたいという心理から外れることができます。**「相手にどう思われるか？」という不安感がへりますので、緊張せずに自然と話しやすくなるのです。ぜひ、「好意」の前に「興味」を持つようにしてみてください。

POINT

相手がどういう人物なのか興味を持つことからはじめよう

4

環境で緊張感をへらそう

会話が苦手だと、人と話すときに緊張してしまいます。会話下手を弱点のように感じて、「相手に変に思われないかな？」と考えたり、恥をかくのではないかと不安になる人も多いのではないでしょうか。

物事を深く考える繊細な方は、だれかと話す前に、会話のシミュレーションをして疲れ切ってしまうことも少なくありません。うまく話せなかったり笑われたりする想像もするでしょうから、会話に対する苦手イメージがさらに強くなってしまうでしょう。

○環境で、話しやすくできます

強い緊張の中では、思い通りに会話をすることはできません。**会話の糸口になるものがある場所や、なにかを一緒にしている場合は、緊張感をへらすことができます。**無言になる不安や、会話が想像通りに進まなかった場合の不安感がなくなるからです。

たとえば、次のようなシチュエーションは会話がしやすいです。

- カウンター席の焼肉店
- SNSなどで話題になっているメニューのある飲食店
- 一緒に運動
- 一緒に応援（スポーツ観戦など）

テレビを観ているると、スポーツバーでサッカーやラグビーを応援している人たちが、ゴールの度に仲よくハイタッチなどをしているのを見かけます。これは、達成感や感動を通して心の壁がとりのぞかれるためです。緊張感がなくなるのですね。

会話の苦手な人は、スポーツ観戦や一緒にスポーツをすることで自然と会話できる可能性があります。最近であれば、エアロビクスの教室参加・みんなで映像を見つつサイクリングするサイクルプログラムなどもいいでしょう。

片想いの人と、高級フレンチ・レストランで向き合った状態で会話をすれば、緊張して当然です。会話をしなくて済む時間が長い映画デートの方が緊張しないでしょう。映画を観たあとに映画の内容を話せば、ムリなく会話ができます。

会話に苦手意識のある方は、「もっと会話力をあげなきゃ！」と思うものですが、緊張状態であればそもそも会話力を発揮できないかもしれません。環境で会話を助けてもらうことがおすすめです。

POINT

会話を楽しむため、環境で緊張をとりのぞくようにしよう

5

相手が苦手じゃないのに疲れるときは

「人が苦手なわけじゃないんです。友達もいるし、学生時代からの親友もいます。でも長く一緒にいると疲れちゃうんです……。これって、じつは友達に苦手意識を持っている、ということなのでしょうか？」

このように、繊細な方から人間関係と疲れを組み合わせたご相談が届きます。気疲れをしてしまい、その気疲れの原因を人間関係だと判断してしまっているケースです。

これについても、恋愛で考えてみましょう。

初デート。2人でオシャレなカフェに行きました。最初のうちはすごく楽しかったのに、時間が経つにつれて疲労困憊。相手はすごく喜んでくれたけど、自分はヘトヘト……。

「相性が悪かったのかな?」と考えるかもしれませんが、これはおたがいの相性の問題ではありません。あなたが緊張して疲れてしまったためです。

繊細な方は、相手やまわりの細かいことにも気づきます。デートなら、相手の一挙一動を見て、楽しんでもらえるよう心配りをしますよね。でも、そんな緊張状態は長つづきしません。

たとえば、次のような言動をとっていないでしょうか。

- 相手の飲み物のへり具合をつねにチェックしている
- 相手が困らないよう、先にお手洗いの位置を確認
- メニューを選べないと困りそうなので、事前にいくつかおすすめを抜粋
- 自分が音を立てていないか気になるので、必要以上にゆっくり噛む

- 相手がたくさん食べれば、こちらも食べる
- 相手があまり食べなければ、こちらも食べない
- 自分ばかり話さないように、事前にたくさん話題を用意して相手に話をふる

どれも気配りとしては素敵なことでしょう。相手が喜んでくれたのならデートは大成功です。でも、緊張で疲れてしまったあなたは「疲れるデートだったな……」という印象がのこってしまいます。

気疲れは環境と日々の疲れ、そして、相手との親密度で変わります。

たとえば、憧れの人と長時間一緒なら疲れて当然です。苦手な上司と一緒なら、短い時間でも疲れてしまうでしょう。

でも学生時代の友人なら気心は知れています。半日以上一緒にいると疲れるかもしれませんが、数時間くらいならヘトヘトにはならない人が多いと思います。

○自分の繊細さ・疲れやすさを前提にする

自分が疲れやすい前提で、プランを組むことは大切です。初デートで、カフェで2時間程度なら、疲れは少ないでしょう。でも、テーマパークに行けば、人の多さや行列で気疲れする可能性があります。ムリをして、普段入らないような高級飲食店に入っても「注文どうするんだろう……」のように、本来なら考えなくていい疑問でストレスを受けるかもしれません。

私は、どれだけ親しい人とでも長時間一緒にいると疲れてしまいます。学生時代は泊まりで遊ぶこともしていましたが、翌日は動けないほど疲れていました。今は、大親友でも午前・午後・夜の3つの時間帯のどこかでしか会わないようにしています。

腹八分目を想像してみてください。「もう少し食べたい……」と思いながら食べ終わることで、美味しさの余韻に浸ることができますよね。でも、限界まで食べてしまうと美味しさを感じにくくなるでしょう。食べ終わったときの印象も「食べすぎて苦しい」となってしまいます。

人とのかかわりも一緒です。**繊細な自分を自覚し、良くも悪くも刺激で疲れやすい前提で人と接する時間を決めておきましょう。**仕事のようにしかたない内容で長時間人とかかわるのであれば、それ以外の時間を1人で過ごすことでバランスをとることがおすすめです。

POINT

人と一緒の時間も腹八分目で終わるようにしよう

6

「人を嫌ってはいけない」なんて思わなくていい

だれかのことを「いやだな」と感じたとき、「**人を嫌うなんてとんでもない！　きっと人を嫌ってしまう自分の心が狭いだけなんだ……**」と考えてしまうことはないでしょうか。

繊細さがあると、まわりにいる人をどんどん知ろうと考えます。

繊細な方は、さまざまなことに気づいて、それを丁寧に仕分ける思考を持っています。相手と自分の間がどういう状況になっているのかを深く考えるのです。

たとえば、相手が少し難しい顔をしたとしても、あなたが原因とはかぎりませんよね。しかし、繊細な方は相手の難しい顔と自分の関連性はないか、と考えます。相手はただ、お腹が空いただけかもしれませんよね。しかし、**相手の機嫌とまったく関係のない自分の言動を相手が不機嫌そうに見える原因と考えて、自分を責めてしまうこともあります。**「私、変なこと話したかな？」などの想像をしてしまう例がわかりやすいでしょう。

「人を嫌ってはいけない」「おたがいに良好な関係を目指さなくてはならない」と思い込むことで、他人の機嫌を考えすぎる方が多いようです。

でも、すべての人を好きになることはできるのでしょうか。世の中の人すべてがやさしさを持ち、人に労わりを向けるのならできるかもしれません。でも、実際はちがいます。攻撃的な人もいれば、人を利用するずるい人もいます。

テレビで流れるニュースは、ほとんどがネガティブな情報です。それだけ世の中にはネガティブなことが多くあり、人を利用する人も多いのです。また、まわりからは好かれている人でも、あなたとは相性が合わない場合もあるでしょう。

繊細な人は、とても細やかに情報を処理します。嫌いな人、苦手な人と接するときも「どのタイミングで話せばいいかな……」と、相手の機嫌を考えて交流しようとするのです。相手との会話を頭の中でシミュレーションする人もいるでしょう。

しかし、あなたの苦手な人・嫌いな人にたいして、ムリに機嫌をとる必要はありません。それどころか、仲よくなろうと必死になる必要もないのです。

○ 苦手な人は、苦手なままでいい

あなたが苦手意識を持つと、必ずその苦手意識がどこかに現れます。それは声のトーンかもしれませんし、ささいな表情の変化かもしれません。

仲のいい人と話すときは、意識しなくても自然な笑顔になります。でも、苦手な人と話すときは、ムリに顔をつくろうとして愛想笑いのようなぎこちない表情となります。

あなたが苦手意識を持つとき、相手もあなたに苦手意識を持っていることが多いものです。おたがい苦手意識があるのに干渉しつづければ、ますます相手のことが苦手になってしまうでしょう。この場合、相手にしても、ほどほどに接してもらった方がホッとします。積極的に交流しないことを相手が望んでいるケースもあるのですね。

ムリに近づくことをせずに、**苦手・嫌いなまま関係性を保てばいいのです。**

仲よくなる必要がないとわかれば、連絡先を交換することもないでしょう。仕事上の報告や連絡はするものの、ご機嫌をとるような行動もしなくなりますよね。ムダな労力を使いませんので気疲れもへります。

あなたがご機嫌をとれば相手は「自分の方が優れている」と錯覚します。そして、ご機嫌をとってもらうのが当たり前となります。人は慣れる生き物ですので、相手の要求もどんどんエスカレートします。

人のエネルギーには限界があります。苦手な人に好かれる努力より、最初から相性のいい人たちと仲よくなることにエネルギーを使いましょう。その方がずっと毎日が楽しくなりますし、人づきあいも積極的になりますよ。

POINT

苦手意識を持つときは、
相手も同じように苦手意識を持っていることが多い

7 「なにもしなくても満足しあえる関係」を大切にする

友達関係とは「おたがいになにもしなくても満足しあえる」「見返りなく自然に相手を助けようと思える」関係のことだといわれています。私はこの定義を大切にしています。

人にたいしてどっと気疲れしてしまう方は、次のように相手になにかをしなくてはならないと考えていることが多いようです。

- おもしろい話で笑ってもらわないといけない
- 相手の役に立つ情報を伝えなければならない
- 相手が望む言葉をかけなければならない

この意識があると、いつまで経っても安心して会話ができません。相手が満足していてもあなたが満足できず、友達関係をつくることも難しいでしょう。

繊細な方は、他人の気分に左右されるケースが多くあります。**相手が落ち込んでいれば自分も落ち込んでしまうので、おたがいを助けるために言葉をかけるでしょう。相手を救うような話ができず、無力感で悩んでしまうこともあるかもしれません。**

でも、**横にいるだけで相手を助けている**、という可能性も知ってほしいと思います。これがわかると「なにもしなくても満足する」の正体がつかめます。

たとえば、寂しい日の夜は人が恋しくなります。だれでもいいから横にいてほしいと思うでしょう。あなたの友人がそんなことを考えているときに、あなたが友人を誘い一緒にカフェで時間を過ごしたらどうでしょうか。特別な会話をしなくても、一緒にいるだけで友人は助かっているのです。

人生では、ふと落ち込んでしまうときもあります。自分がちっぽけに思えたり、価値のない人物だと感じてしまうこともあるでしょう。仕事で失敗した日や、失恋した日などがわかりやすいと思います。

そんなときに、いつものように接してくれる人がいると「自分には価値がある」と思うことができるのです。

○無言のままで過ごせるのは、相手を信頼しているから

私は無言が苦手で、相手にムリに話しかけてしまう時期がありました。結婚して7年になりますが、妻にたいしてもなにかと話しかけずにはいられないときがあったのです。

仕事と家事・育児が終わった夜。妻はテレビを観ていて、私は本を読んでいました。家庭なのにおたがいの時間を持ってはいけないのでは？　と思い、どんどん話しかけていました。

でも、その必要はなかったのです。妻は妻でテレビを観て満足していたのですね。妻からすれば「彼は本を読んで満足しているし、私も自分の時間を持とう」という考えです。**おたがい別のことをして満足している。そこに悪意も善意もありません。**そういった別々のことをしている時間こそ、おたがいを信頼している証だったのです。

思えば、学生時代もなんとなく友達とダラダラ過ごすことがありました。友達の家にいって、その場にいるそれぞれが漫画を読んだり、ゲームをしたり別々のことをしている……。それだけで満足していたのです。

カラオケで友達は歌っていて、自分はＬＩＮＥの返信をしている。でも安心して友達付き合いをしている。これも同じような状況です。

人にたいしてなにかをする必要はないと気づければ、人と一緒にいて疲れることもへります。さらにいえば、あなたがなにもしないでいられる相手こそ、負担なく長く付き合える人になりやすいでしょう。

POINT

ちがうことをしていても、
おたがいに満足している関係性に気づこう

8

落ち込むニュースは話題にしない

私は、繊細な方はテレビニュースを積極的に観ない方がいいと考えています。人は損をすることがこわく、痛みや不安を感じる情報に注目しやすいものです。視聴率がとれるので、ニュースのほとんどはネガティブな内容となっています。「小学生が笑顔で登校しています！」のようなニュースは、まずありませんよね。事故や事件がほとんどです。

さらに、テレビニュースは映像です。映像は文字に比べて6倍ほど記憶にのこりやすいため、人はどんどんネガティブ情報を記憶してしまいます。**せっかく気持ちよく**

起きたのに、ネガティブな朝のニュースで落ち込んでしまう、という経験のある方も多いのではないでしょうか。

○自分からポジティブなニュースを調べよう

テレビニュースを観ないことについて「**職場の人と会話ができない。世間知らずだと思われる**」というお悩みをいただいたことがあります。こういうときは、**ポジティブニュースを検索し、話題にすることがおすすめです。**

ポジティブニュースとは次のような、ちょっとした内容でもいいのです。

- 最近知った生活の知恵
- トレンド、新製品
- 買ってよかったもの、美味しかったもの
- 値下げ情報

とくに、値下げ情報は有効です。先ほど、人は損をしたくない性質があるとお伝えしました。値下げ情報は嬉しい情報ですが、記憶にのこりやすい内容です。会話内容として使いやすいでしょう。

テレビやラジオで知ることができるポジティブニュースは多くありません。知るためには、あなたが自分で調べる必要があります。

ほとんどの人は、受動的に情報をあつめています。それこそ、世の中の情報を知る手段は、テレビニュースを観て終わりな方も多いでしょう。1日に何度もテレビニュースを観る方もいますが、1日の中でそれほど新しいニュースはでてきません。同じ内容をくり返し報道していますよね。

だからこそ、**あなたが自分で調べて知ったポジティブニュースに価値がでてきます。**そのうちあなたが会話の中心となり、あなたと話したい人があつまってくるでしょう。

インターネットニュースでは、カテゴリや検索用語の絞り込みができます。ここに「ポジティブ」「トレンド」などと入力するだけで、目に入るポジティブな情報が多くなります。得られるニュースは、このひと手間で変わります。

また、**情報は淡々と得ることが大切です。**テレビであれば効果音や赤色の強調色で刺激がくわえられていますよね。ラジオであれば、無駄な情報が少ないので「〇〇があったんだ」と、味付けされていない情報が得られます。ラジオからニュースを知ることもおすすめです。

POINT

ポジティブニュースで会話をすれば、世間知らずと思われることもないし疲れない

9

別れ際は罪悪感を持たなくて大丈夫

あなたは、人と会っているときに別れるタイミングがわからなくなった経験はありませんか？ 最近では、オンライン会議の終了時にいつ退室すればいいか悩んでしまう方もいます。

別れ際を切りだせないと、いつまでもその場にのこることになります。帰りたい気持ちがあるままでは、相手の会話も頭に入ってこないでしょう。

会話での気疲れは「その人、その環境でもっと話したいか？」ということも影響しています。「もう帰りたい……」と思っている状況では、せっかく友達と話していていても楽しめませんよね。まわりもなんとなく察するので、あなただけ場に馴染めず浮いてしまいかねません。

○宣言をしたら、さらりと立ち去ろう

スマートに帰れない人は、その場から去ることに罪悪感を持っています。また、立ち去ることで自分がどう思われるのか、不安に感じます。

たとえば10人で飲み会をしたとしましょう。飲み会が終わり、あなたは帰ろうとしています。家には家事ものこっていますし、明日に響かないように早く寝たいからです。でものこりの9人は二次会の話をしています。

ここでなんとなくあなたものこってしまうと「二次会くるよね？」と誘われるでしょう。

「私、明日があるからここまでで帰るね。ありがとうね」と伝え、さらりと帰れば

まわりは引き止めません。あなたのことを話すのではなく、二次会の話をつづけるだけです。あなたが帰ることで文句を言うグループであれば、そこに混じっていることにムリがあるでしょう。

世の中には「グイグイ迫るタイプ」がいることを知っておきましょう。グイグイ迫るタイプはよかれと思い、二次会なども誘ってきます。そして遊ぶだけ遊び、満足して去っていきます。

こういうタイプの人は、家に帰ってからもバタンとすぐ眠れるのです。しかし、繊細な方は、眠る時間が少しずれただけで眠れないこともあります。グイグイ迫られたことで嫌悪感を持ち、興奮状態で眠れなくなることもあるでしょう。

その場から去りたいと思ったら、ひと言伝えてさっと足早に去ってしまいましょう。

宣言が終わって時間が経つと、グイグイ迫るタイプが誘ってくるかもしれません。その時間をなくすため、宣言したらすぐに立ち去ることが大切です。

スマートに去るコツは、すぐに帰らなくてはいけない理由をつくることです。わかりやすいのが「家でやることがたまっているから」でしょう。家事でもかまいません。自分なりにすべきことがある、という理由はまわりにもわかってもらいやすいです。ほかにも、電車やバスの時間を利用することもおすすめです。

「どうしても言いづらい」という方は、「友達や知り合いに本心を出せないのなら」でもお伝えしたように、10回に1回できれば大成功とお考えください。10回に1回が9回に1回となり、少しずつ実践しやすくなります。その時々の状況もありますので、絶対にできるものではありません。まずは段階的にとり入れるイメージを持ってみてください。

用事が終わったら帰るのは、ごく普通のことです。ムリをして二次会に行っても楽しくありませんよね。楽しいフリをする方がずっと自分にもまわりにも負担となってしまいます。

まわりから意見を押し付けられ、それに何度も何度も合わせつづけると、他人の提案を断ることを心配しやすくなります。

POINT

帰ることを宣言し、すぐにその場を立ち去ろう。
待つとまわりに流されやすくなる

10 繊細な人が話しやすいのはこんな人

世の中には相性のいい人・悪い人がいます。相性の良し悪しとは、好き嫌いや善悪とは別のところにあります。どれだけまわりの人が「素敵な人」と言っても、あなたにとって相性の悪い人はいるのです。

人一倍敏感で繊細な方にも、もちろん相性のいい人・悪い人がいます。敏感さとはほかの人より気持ちが高ぶりやすいということです。

たとえば、好きなアーティストのライブに行けば楽しいと思うでしょう。しかし、ライブ会場は、人がたくさんいて刺激にあふれています。繊細な方であれば終了後はクタクタ。ライブによって、気持ちがとても高ぶったためです。**一緒に行った人に、「今から打ちあげで、ご飯食べに行かない？」と言われても、帰りたい気持ちの方が勝つでしょう。**

相談業をするなかで気づいたのですが、多くの方が「人間関係は、相手に関係なくきちんときずくべきもの」と考えています。どのような人が相手でも努力して信頼を獲得していくべきもの、というイメージですね。たとえば、人格否定をする上司と仲よくする必要はあるでしょうか。仕事以外でのかかわりを持つ必要はないでしょう。しかし、距離をとろうとせず、信頼を勝ちとるべきだという考えで行動する方が多いのです。

たしかに、人間関係は必要なものです。会話の中で安心感が得れることで、ストレス解消も期待できます。しかし、こうした効果が期待できるのは「良好な人間関係」です。良好ではない人間関係であれば、当然ストレスがたまってしまいます。

○自分が話しやすいタイプを知っておこう

繊細な方と相性のいい方は「**高ぶらない範囲内で行動できる人、低刺激の人**」です。

次に具体的なポイントをまとめました。一例としてお役立ていただければと思います。

- おだやか、冷静、落ち着いている
- 否定や攻撃、マウントがない
- 自然の中やカフェなど、リラックスしやすい空間が好き
- 一方的に連絡を送ってこない（人の話を聞かないタイプではない）
- 連絡頻度が多すぎない（1つ送れば1つ返ってくる程度）
- 下品ではない、上から目線の言葉を使わない（店員さんへの対応など）
- 痛みのある言葉を使わない、ネガティブすぎない
- 「ありがとう」が多い
- ほかにコミュニティを持っている

「言葉づかいが下品」というのは、完全に悪いこととはいえません。それを受け入れる人たちもいますし、文化的にそういう言葉を求める場所もあるでしょう。しかし、刺激的ではあります。

お店のなかで、下品な言葉で話している人たちがいた場合はどうでしょうか。自分たちに問題がなくとも、繊細な方はまわりの人がどう思っているのかが気になってしまいます。下品な言葉で話している人たちと一緒にいてもいなくても、「まわりの人に迷惑をかけているのでは?」と思い、疲れてしまうでしょう。

繊細な方は、まわりと自分たちの関係性が一度気になると考えつづけてしまいます。安心して会話をつづけることができません。これでは楽しいはずの会話も楽しめなくなります。

私も「この人たちと一緒にいたい。話したい」と思う人たちは、丁寧でまわりへの配慮が感じられる方々です。実際に付き合いが長くつづいているのも、自分と同じペース、感覚で生きている人たちでした。

あなたはムリをして付き合っている人たちはいないでしょうか。まわりの人間関係をチェックしてみましょう。

POINT

繊細な人は安心して話せる、高ぶりにくい人と相性がいい

COLUMN 2

指摘や注意は明るい表情で伝えてみよう

繊細な方は、指摘や注意を強い刺激ととらえることが多くあります。相手に悪意があるわけではないのに、相手をこわがってしまう方もいらっしゃいます。たとえば次のような内容です。

- 「昨日お願いしたこと、ちゃんとできてる？」
- 「ここの文章の意味、わからないのですが」
- 「その考え、まちがってるんじゃないの？」

指示や指摘、注意は、自分が言われるばかりではありません。繊細な気質を持つ私たちも、人に言わなくてはいけない場面があります。相手が明らかにまちがっている行動をとっていて、仕事上しかたなく注意をする、というケースもあるでしょう。

自分の注意で相手が悲しそうにすると、こちらまで同じくらい悲しくなってしまいます。そこでおすすめなのが、指摘や注意は明るい表情で伝える、ということです。

私たち人間はほとんどの情報を視覚から得ています。

「メラビアンの法則」という心理法則があります。これは人がコミュニケーションをとっているときに、なにからどのくらい影響を受けるかを示したものです。具体的には、視覚55％・聴覚38％・言語7％の割合で影響を受けているとされています。じつは会話の内容自体は、会話中に受けとる情報のたった7％なのです。ということは、表情であったり伝える声のトーンだったりを変えることで印象を変えることができます。

芸能人の竹中直人さんは、笑いながら怒る芸で大人気となりました。言っている内容は怒っているのですが、顔は笑っているため、怒っている印象が和らぐのです。

思わず頭を抱えたくなるようなネガティブな内容も、前向きにジョークを交えながら話すと深刻なイメージがなくなります。受け手もネガティブに受けとることなく、その内容を聞くことができるのですね。

あなたは、チャットやメールで上司から叱られた経験はないでしょうか？　繊細な方は、テキストでのやりとりで、相手の表情などを憶測してつらく受け止めてしまう方が多いのです。改めて上司に謝りに行くと、上司はほとんど怒っていないという場合も、珍しくありません。これは、全情報のたった７％である言語情報をすべての情報ととらえてしまったことが原因です。

これと同じで、どうしても指摘をしなければならない場合は思いっきり明るく伝えるのがおすすめです。相手もガックリ落ち込むことがありませんし、こちらとしても伝えやすくなりますよね。

もちろん、厳しく伝える場面では表情を堅くして伝えなければなりません。自分の表情・声のトーン・言語情報の３つを上手にコントロールして伝えることが大切です。

さらにいえば、今の気持ちや心地よさなども重要です。寝不足や空腹の状態で人と話せばイライラ・モヤモヤするでしょう。そうではなくて、指摘や注意を伝える場面こそおだやかで楽しい状態になれるよう整えておきましょう。

私も相談業をしていると、悩みに共感して疲れてしまうことがあります。私自身が疲れ切らないよう、相談にお答えするのは休憩後や外を散歩したあとなどにしています。すると、ネガティブな相談内容の中からアドバイスが浮かんでくるのですね。

日々、自分の機嫌をコントロールしながら人と話してみましょう。

第3章

肩の力を抜いて人と話す

1

会議中の発言

発言のレベルを上げなくていい

「**会議中、いつも発言に困ってしまいます。**ほかの人が自分の話そうとしていたことを話してしまうと、そのあとにどう受け答えすればいいかわからなくなります。まわりの期待に応えられないので、つらく感じます」

会社で働く繊細な方から、このようなお悩みも届きます。

関係者があつまって意見をする会議。どことなくお堅い雰囲気があり、自分が発言する番になるとドキドキしてしまう方も多いのではないでしょうか。

繊細な方にとって、まわりから注目されながら話すのはとても強い刺激です。とくに仕事に慣れない新社会人のうちは、会議が大きなストレスの原因となってしまいます。

会議では、みんながあっとおどろく発言をする必要はありません。議題にたいして、なんらかの意思決定をするものが会議ですよね。いいと思った意見に賛成することは、自然です。

会議で自分が重い責任を背負っているような気持ちになることはありませんか?

人と同じ意見では場に変化が生まれずよくないと考えたり、重い空気のときに、その空気をよくしようと必死になって考え、見当ちがいの発言をしてしまったりすることもあると思います。

でも、別に会議では必ずしもあなたが先頭に立つことを求められているわけではないのです。また、場の空気とは、ほかの方法でもよくすることができます。

○ちょっとした「褒め」で、空気をよくできる

あなたが話そうとしていた内容を、同僚が先に話したとしましょう。あなたが発言する順番になれば「○○さんと同じです」でかまいません。でも、これだけでは自分の意思が弱く感じるもの。

そこでためしてほしいのが、**発言者を褒めることです。**

- 「○○さんの意見が素敵でした。私も同意見です」
- 「私も○○さんの意見と同じことを考えておりました。○○さんがわかりやすくご説明くださったので、私からはとくに意見はありません」
- 「○○さんと同意見です。プラスして○○ができればいいかと感じました」

このように、発言者を褒めつつ自分の意見を足すことも考えましょう。あなたの考

えがくわわっていますので、まわりの受けとり方が変わります。さらに、同じ意見の方を褒める結果になりますので、会議が前向きな空気になりますよね。褒められた人も喜びます。会議中の空気をよくする人は、まわりの人にとってありがたい存在です。

逆に、会議中の空気を悪くするのは、否定的な発言のみをする方です。否定することと自体は悪くないのですが、否定ばかりでは会議が進まなくなります。否定をする場合は、代案であったり、方向性のカギになる話も必要です。

反射的に否定する方は、意見の否定自体が目的となっています。会議本来の目的である、建設的な意思決定から外れてしまうのですね。

会議の発言を苦手と感じる人は、「発言によって自分の評価をあげたい」と考えていないでしょうか。まわりから認められたいと思うほど、自分自身の発言のレベルをあげてしまっています。

しかし、自分一人でポンポンといいアイデアが浮かぶのなら、そもそも会議をする必要はありませんよね。会議とはみんなで協力して行うものです。
ほかの人の意見を聞いているうちに、ちょっとしたアイデアが浮かぶかもしれません。あなたが事前に考えた意見より、もっと素晴らしいアイデアを出す人もいるでしょう。その場合、自分の意見をとり下げて賛同するのも会議をスムーズに進める方法ですよね。

会議の責任を一身に背負うような考え方から離れてみましょう。

責任を感じるのは、組織の中で自分の役割をしっかりと感じているからです。
その考え方は素晴らしいものです。しかし、組織の責任は一個人が背負えるものではありません。あくまで、組織の一員としての責任レベルでとらえていけばいいのです。

POINT

ほかの人のアイデアを褒めてみよう。
会議の雰囲気をよくするのも素敵な行動

2
空気が重い

場の空気をムリに変えようとしなくていい

空気の悪さを変えようとして、かえって叱られたり、「空気が読めない」と嫌味を言われた経験はありませんか？ これは、繊細な方あるあると言ってもいい内容の1つです。

空気を読みすぎて疲れてしまうことを「過剰同調性」といいます。これは精神科医の柴山雅俊さんが発案したもので、病気ではありません。過剰同調性を持つ人は次のような特徴があります。

● 相手の表情や状況を読み、機嫌を損ねないようにする
● 自己犠牲的にまわりに合わせてきた
● 親から「いい子」と言われてきた、とらえられてきた
● 相手を攻撃したり、責任を追及しようとしない
● 悪いことがあるとまわりよりも自分を責めやすい

たとえば、友達同士がケンカをしているとしましょう。繊細な方は、そのギスギスした空気に耐えかねて仲裁しようとします。これが場の空気を読みすぎて、行動しすぎるパターンです。ケンカをしている2人は怒っていますよね。理性ではなく感情が強く働いています。あなたが仲裁に入れば、2人の怒りはあなたに向けられるでしょう。

このケンカを放っておくとしましょう。勝手に2人が仲直りして、さらに仲よくなる可能性もあります。あとになり、それぞれがあなたに仲裁をお願いするかもしれません。これなら2人とも冷静な状態なので、あなたも落ち着いて間に入ることができます。

○責任を持ちすぎなくていいのです

場の空気が悪くても、「この場をなんとかしなきゃ！」と使命感を持つ必要はないのです。むしろ、場の空気が悪くなっていたら静かに状況が収まるまで待ちましょう。**あなたがすべて自分の責任のように考える必要はありません。**

繊細な方は、学校でも場の空気をよくしようと、自分を犠牲にして行動するケースがあります。

クラスで委員長を決めたときの経験を思い出してみてください。すんなり決まるクラスと、まったく決まらないクラスがあったのではないでしょうか。

委員長が決まらないと、教室がどんよりと暗い空気になります。先生もピリピリしはじめるでしょう。その空気に耐えられず、立候補をする繊細な方がいます。これまでに複数名の繊細な方から、このようなお話を聞きました。

もし立候補しなければ、どうなるでしょうか。おそらく、先生がその場の流れを上手に誘導したでしょう。もちろん繊細な方が委員長になる可能性もあるでしょうが、ほかの人が選ばれる可能性もあります。その場の空気に耐えられないからといって、そのあとたくさんの役割が回ってくる委員長になるのは大変ですよね。

悪い空気感に耐えるコツは、俯瞰《ふかん》してみることだといわれています。たとえば、学校の先生がクラス全員を叱っているときに「**ドラマのワンシーンのように自分が画面に映っている**」というイメージを持つことです。

自分を第3者の目で見ると、物事を客観的に見ることができます。あなたが責任を負う必要のないことも冷静に判断できるでしょう。

POINT

空気をよくするため、
あなたが自分を犠牲にして行動する必要はない

3 断れない 断り上手になれる3つの方法

会話に不安を覚えるのは、断り下手だからかもしれません。
断る方法を知らないと、相手からの誘いが不安になります。誘われたくない気持ちがあれば、安心して会話をつづけることはできないでしょう。

私は、繊細な方にできるだけ早く断り方を覚えてもらうようにお話をしています。断り方を覚えれば、この先の人生でずっと役立つからです。友達との会話はもちろん、保険や住まい関係の勧誘・営業も断れるようになります。**断ることができないと、あなたの時間や労力・意志力を奪われてしまいます。**

●「本当はイヤだけど、断るとこの人、困るだろうなぁ……」
●「あ。今回もうっかり無言がこわくて引き受けちゃった!」
●「なんで私にばっかり、お願いしてくるんだろう……」

このように、引き受けることが癖になっている方もいらっしゃると思います。断りたいのに断れないと自己嫌悪にもつながり、疲れてしまいます。

断るために、とくに大事なのが意志力です。これはウィルパワーとも呼ばれます。この力は総量が決まっており、なくなると注意力が散漫になったり、思考や感情のコントロールが不安定になると言われています。

断る方法はいろいろありますが、おすすめは次の3つを意識することです。

○同じ言葉のくり返しで断る

同じ言葉のくり返しとは、**「できません」「ムリです」「興味ありません」**のように、ストレートな拒否の言葉をくり返すことです。細かく理由を考える必要がないので、だれでもすぐ使える方法です。ストレートに伝えづらい方は「申し訳ありませんが」のようにクッション言葉を前につけると伝えやすくなります。

子どもはやりたくないことを「イヤだから」と言います。理由を聞いても、知識や語彙がなくて伝えられないことが多く、感情的な言葉でひたすら拒否します。理由がわからないので、親は困ってしまいますよね。同じ言葉をくり返して断るのは、これと同じ方法です。

○断る理由をつくっておく

理由があれば安心して断れます。同僚から残業を頼まれたとしても、明確な理由があればすんなり断れるでしょう。

誘われたときに断る理由としておすすめなのが、習い事やジムです。お金が発生するので、「もったいない」と思いますよね。人は損をしたくない性質があるので、断る理由として使いやすくなります。相手もあなたに「負担を強いる」と思うので、ムリに押し付けることが難しくなります。

断る理由は、あなたの負担にならないものとしましょう。ウソの予定の場合、罪悪感を覚えてしまい使いづらいです。そのため、自分にとってストレスにならない「つねに使える予定」を使いましょう。たとえばスポーツジムに通っていれば「今日はスポーツジムの予定だから」と断れます。**断りたい誘いがあったら、あなたの負担にならない予定にすり替えてしまうイメージで断りましょう。**

○相手からもらう

相手からもらう断り方とは、人間関係のコストと報酬のバランスを活用する方法です。たとえば、残業のお願いを引き受ける代わりに「あなたも次に残業をやってね」と伝えます。今回はあなたの時間や労力を使いますが、次回は相手の時間や労力をもらうことを約束するのです。こうすると、自分があげっぱなしではなくなり、モヤモヤしなくなります。

なかにはあなたを利用したいだけのずるい人もいます。ずるい人はあなたからもらうことだけ考えていますので、あたえようとしません。あなたが「代わりにやってね」と言えば、すぐに相手から断ってくるでしょう。

ポイントは口約束にしないことです。ずるい人は、人をずるく使うことに慣れています。口約束では「今回はムリ」と、今後も断られる可能性が高いです。仕事であれば、必ずその場で上司に「次の残業は交代してもらいました」と報告しましょう。

私は工場で勤務していた際に、この方法をためしました。私と一緒に仕事をしていた係長は自分だけ休みたいずるいタイプの方。いつも私に残業を依頼し、私の代わりに残業をしてくれることはほとんどありませんでした。

ある日、いつものように残業の変更をお願いされたので「次の残業を交代してくれたら大丈夫ですよ。今すぐ、工場長に話してきます」と伝えました。すると、係長は大慌てでほかの人に残業をお願いしにいきました。

この方法をとれば、ずるい人が二度とあなたにお願いをしてこなくなります。1回断るだけで関係性の変わる方法ですので、ぜひおためしください。

POINT

定番の断り方をつくり、断ることに慣れていこう

4

雑談が苦手

雑談は中身のない内容で大丈夫

世の中には雑談の上手な人がいます。その一方で、雑談でなにを話せばいいかわからなくなり、ストレスを感じてしまう人もいます。

繊細な方の話を聞いていると、雑談でストレスを受ける人が多く見られます。「**上手に雑談ができないんです。どうしたらいいでしょう?**」と悩んでいる人が多いのです。

雑談とはとりとめのない話、単なる談話のことです。雑談でストレスを感じる人は、雑談について強い目的意識を持っています。オチや答えを求めている、といえばわかりやすいかもしれません。

私は、前述のように親しい友人とさえコミュニケーションが苦手だった時期がありました。人生でトラブルがつづいて、劣等感を持っていた時期です。一緒に食事をしているときも無言がこわくなり、必死に会話を考えていました。

しかし、この必死に会話を考える時点で雑談ができていませんでした。その瞬間に思いついたことを話せば、それが雑談になります。今日の天気の話だったり、目の前の食事の話をしてもいいでしょう。

○これといった目的がなくて大丈夫

人は中身のない会話でホッとすることができます。これは会話を楽しむことにより、「愛情ホルモン」と呼ばれるオキシトシンが分泌するためです。会話内容はなんでもかまいません。ただおたがいに心地よい時間を過ごせれば安心感で満たされます。

世界情勢や不景気の話ではなく、推しの人や好きなアーティストの話。学生時代のふざけあった話。恋バナ。ゲームの話でもいいでしょう。どのような内容であれ、おたがいが共感し笑い合えたら十分なのです。

私が親しい友人とも会話で困っていたとき、たまたま自分が好きな趣味について話してみたことがありました。そのときに、友人は笑顔で会話をふくらませてくれました。なにを言っても受け入れてくれる安心感を覚えてから、萎縮せずに会話ができるようになったのです。

たとえば、レトロゲームの話でずっと盛り上がったり、最近聞いている音楽の話をするようになりました。**相手を喜ばせるような話をしなくていいと気づいたら、緊張感がなくなりました。**

雑談に優劣はありません。雑談の中で「賢いと思われないといけない」とか「自分の価値を評価してもらわないといけない」と思えば、中身のない会話がしづらくなります。雑談に目的が生まれてしまうためです。

もし雑談に目的がほしいのなら「じゃれあい」をイメージしましょう。子犬がじゃれあったり、お猿さんが毛づくろいをするのと一緒です。海外ならハグなどで雑談の代用ができます（ハグもオキシトシンの分泌につながる行動です）。

日本にはハグの文化がありません。ハグの代わりに中身のない雑談をすることで、心をホッとさせる「オキシトシン活動」をしてみましょう。

POINT

中身のない会話で人はホッとできる

5

職場の人と話しづらい

1分のコミュニケーションが大切

テレワークの普及により、職場でのコミュニケーション不足が問題となっています。コミュニケーションの足りない職場では、所属感を得づらくなります。所属感とは「私はここの一員です」と自信を持って言える気持ちのことです。

所属感が足りないことは、劣等感にもつながります。

たとえば、職場で自分だけ仕事が少なかったらどうでしょう。会社に貢献できていない気がするだけでなく、「仲間外れにされているのかもしれない」などと思い、劣等感が生まれます。これが所属感がないことで生まれる劣等感です。

コミュニケーション不足の会社では、「私はここにいていいんだろうか？」と感じやすくなります。前述したようにコミュニケーションによりオキシトシンが分泌するのですが、オキシトシンは協調性にもかかわります。人とのかかわりを感じられないことで安心できず、モヤモヤした気持ちがつづくでしょう。

○ちょっとの時間で信頼関係はきずけます

職場で所属感を持つためには、たった1分のコミュニケーションが重要といわれています。たとえば、管理職の方が朝に「今日はどうだ？　なにか困ってないか？」と声掛けするだけで、コミュニケーション不足が解消されます。

行動科学では、「接触頻度」が所属感に影響するとされています。**話す回数が多いほど、信頼関係がきずきやすくなるのです。**時間ではなく頻度をふやすことが、職場の人間関係をよくします。

話す回数をふやすために、具体的にとり組んでほしいのは次の3つです。

- **朝の挨拶**
- **休憩時間のちょっとした雑談、中身のない会話**
- **オンラインでの軽い交流**

とくに重要なのが挨拶です。挨拶は「敵対心のなさを示す発言」ともいわれています。**気持ちのいい挨拶は最高のコミュニケーション。**ぜひあなたから挨拶をしてください。気持ちよく挨拶を返してくれたら、清々しくポジティブな気持ちにつながります。ごく小さな行動が人の心理に影響しているのですね。

「雑談は中身のない内容で大丈夫」でも話をしました。中身のない会話は、そのままコミュニケーションになります。挨拶と同時に仕事とは関係のない、ちょっとした話もしてみましょう。

1分のコミュニケーションは、オンラインでも有効です。チャットなどのテキストだけで相手を知るには限界があります。いつもやさしい人が、テキストではドライに感じられるケースがあるためです。顔を見て話す機会をつくることで、相手へのまちがった憶測をへらすことができます。

POINT

1分のコミュニケーションや挨拶が所属感につながる

6

頼れない

自分も相手も労わることを忘れない

あなたは、人にお願いすることは得意ですか？

- 嫌われるかもしれない
- イヤな顔をされるかもしれない
- 自分でやった方が疲れない

このように考えて、人に助けを求められない繊細な方が多くいらっしゃいます。しかし、自分一人の力には限界がありますよね。人生では、仕事でもプライベートでも必ず人に頼る場面がでてきます。頼り方を覚えることで、必要以上に負担を抱えて疲れてしまうことがへっていきます。

○自分を労わることを忘れない

頼ることは、自分を労わることです。残業しなければ終わらない仕事量だったとしても、同僚に手伝ってもらえたら定時で終わるかもしれませんよね。だれかに頼ることで、自分自身をサポートすることができるのです。

忘れてはならないのは相手も労わること。**相手を労わることができれば、嫌な顔をされたりモヤモヤする言動をとられる可能性がへります。**

具体的には、相手の立場を理解しつつ、次のような言葉を添えてお願いをしてみましょう。

- お忙しいとは思いますが
- 頼りになります
- 感謝します

ポイントは、**お願いをすると一緒に感謝の言葉も伝える**ことです。頼んだことをやってもらったあとに感謝をする方が多いかと思いますが、頼むときにも感謝を伝えましょう。たとえば、「この仕事を一緒にしていただけないでしょうか？　いつも気にかけてくださり、ありがとうございます」のようなひと言が考えられます。

感謝は相手に心地よさをあたえるかんたんな言葉です。多くの方が感謝ではなく「すみません」のような謝罪の言葉をよく口にしています。それよりも、感謝を伝える方が相手は嬉しくなります。

コストと報酬のバランスに当てはめて、あなたが次に仕事を引き受けるのもいいでしょう。

私もどちらかといえば仕事を抱える側でした。人にお願いするのが苦手で、自分1人で終わらせる方がラクだと思っていたのです。たしかに仕事を終わらせることはできますが、まわりと比べて自分の仕事量が多いことに、不平等さを感じていました。
まわりに仕事をお願いすることで、この不平等感は解決します。長く気持ちよく仕事をつづけるために、人にお願いすることも覚えておきましょう。

POINT

頼るときはお願いと感謝をセットにする

7

電話がつらい

まわりの刺激をへらしてみる

繊細な方からとくに多いご相談の1つに、「**電話対応**」があります。具体的には、次のような内容に悩む方が多くいらっしゃいます。

- 自分の対応がまわりの人に笑われていないか不安
- ほかの電話音やまわりの人の声が気になって集中できない
- ほかのことをしながらの電話が苦手

電話は相手の顔が見えないため、怒られているように感じて萎縮する方もいらっしゃいます。聞き逃し・聞きまちがいがこわくなり、電話が鳴る度におびえてしまう方もいます。これでは仕事になりませんよね。

電話をするときにまわりが気になる繊細な方は、刺激をへらすことができないか考えてみましょう。

たとえば、オフィスでまわりの人と席が近いと電話をしている姿が見られてしまいますよね。まわりに意識を向ければ、そこから刺激を感じて電話に集中できません。そのような席では、パーテーションで仕切る、書類ケースで人に見られないスペース

をつくるなど、**物理的にまわりとの境界をつくると、受けとる刺激をへらすことができます。**

まわりの音が気になるのなら、電話を受けていない側の耳を肩や手で塞ぐのもいいでしょう。電話をとるときのみ、耳栓を使うのもおすすめです。

○自分にとって刺激となるものを探してみよう

人は8割の情報を視覚から得ているので、なにかを見ながら電話で対応しようとすると、気が散ってしまいます。

お店で働いている繊細な方が電話で悩むこんなケースがあります。電話で予約を受け付けている際にお客さんが入店。お客さんが待っている姿を見てあせってしまい、予約をまちがえてしまいました。

これは、視覚からお客さんを待たせている情報を得てしまったからでしょう。お客さんが怒っているわけでもないのに、待たせていることに申し訳なさを感じあせってしまったのですね。

視覚からの情報をへらすには、メモを活用してみましょう。メモを取るときは、メモと手元しか見ませんよね。視覚からの情報を自然とへらせて、電話に集中することができます。

問題は、電話をとるときが「本番」ということです。「ミスしてはいけない！」と思い、この項目でお伝えしたこともすぐに実践できないかもしれません。

電話に苦手意識があるのなら、必ずロールプレイをしましょう。だれかにお客さん役をしてもらい、あなたが安心して電話ができる方法を探していきます。

メモをとることに集中できないのなら、先ほどお伝えしたようにパーテーションや仕切りの利用を考えた方がいいでしょう。

単に電話の音量が低いだけの可能性もあります。音量を大きくすれば、相手の声が大きくなるので、集中できるかもしれません。電話から威圧感を受けやすい方は、逆に音量を下げた方が安心して話しやすくなるでしょう。
自分にとって最適な環境をロールプレイで調べてみましょう。

POINT

電話に集中できない原因を探り、環境に助けてもらおう

8

知らない話題

わからないことは持ち帰る

会話中に、理解をするのが難しい内容や知らない言葉、答えがすぐに出ない質問に悩むときはないでしょうか。

人によっては愛想笑いでごまかそうとします。当たり障りのない受け答えをし、知っているようにふるまってしまうこともあるでしょう。

しかし、**わからないことを知っているように見せる必要はありません。**なにか答える必要があるときは、話を持ち帰ればいいのです。

私は、繊細な方へ対面ではなくテキストでアドバイスをしております。お話の中でわからない用語があればその場で調べ、正しい知識が得られるまで情報をあつめます。必要に応じて書籍を買い、学ぶこともあります。これは恥ずかしいことではありません。知っているようにふるまって答える方が、恥ずかしいことだからです。

たとえば、病院で自分の健康について、お医者さんに質問したとしましょう。その際に、愛想笑いでごまかされたら不安になりませんか？　それよりも「一部、明確な答えをだせない部分がありますので、調べてから次回お話しします」と言われた方が安心できますよね。

○「知らない」ことを、こわがらなくていい

繊細な方は、相手の細かい部分まで読みとります。そのため、自分が「知らない」と言ったことで、相手がどういう反応をするのかを過敏に感じとります。「知らない」と言ったあなたに「そんなことも知らないの？」という表情をする人もいるでしょう。

あからさまに笑ってくる人もいるかもしれません。

でも、知らないって悪いことなのでしょうか。

人は、それぞれ知識の偏りがあって当然です。

一級建築士なら建築の知識はあるでしょう。でも、料理や食材の知識はゼロかもしれませんよね。逆に、料理人が建築の知識を持っていないのもおかしなことではありません。

知らないことはあって当然です。知識の偏りについてマウントしたり、笑い飛ばしてくる人に問題があるのですね。

知らないことを知っているようにふるまう方が、後々困ってしまいます。もし知っている振りをしてしまった場合、まわりは「知っているんだ」と思ってその内容を教えてくれません。あなたも恥をかきたくないので、ウソをつきつづけることになるでしょう。

仕事でも、問題の持ち帰りは使えます。たとえば、電話応対であなたの知らない内容を聞かれた場合は「担当者がもどってから改めてご連絡します」と伝えればいいですよね。ムリに知っているようにふるまえば、あなたの知識で対処することになります。内心は、知識のない情報について追求されないか不安でドキドキしてしまいます。問題の持ち帰りは、ほかにもメリットがあります。その場であせって調べる必要がありませんので、ゆっくりと納得するまで情報をあつめることができます。より具体的で詳しいことを話せるようになるでしょう。

わからないことは恥ずかしいことでも、笑われることでもありません。堂々と「わからないから調べます」と言えばよいのです。

POINT

わからないことをその場で答える必要はない

9

何から伝えたらいいかわからない

会話を飾らず、結論から話す

人からどう思われるかを考えすぎて、なにから伝えればいいのかわからなくなることはありませんか？

繊細さ、敏感さがあると相手のささいな変化もチェックしてしまいます。会話の前に機嫌の悪さなどを察すると、伝えたい内容より機嫌をとることを考えてしまいやすくなります。

相手の機嫌に目を向けすぎてしまうと、自分を守るための話し方になり、会話内容が装飾的になります。装飾的とは、説明や言い訳がふえてしまったり、結論に自分の思いを付けたしすぎてしまったりすることです。たとえば、次のような話し方です。

- 媚びる、愛想笑いをする
- 雑談を入れて相手の機嫌を探ろうとする
- 内容を話す理由から伝えて、結論を後回しにする

このなかで「結論を後回しにする」について、詳しく考えてみましょう。

結論を最後にすると、なんの話をしているのか伝わりづらくなります。話しているあなた自身も、自分はなにが言いたいのかわからなくなり、混乱して会話が二転三転することもあるでしょう。

あなたが上司に書類のミスを報告するとします。そのとき、上司の機嫌がよくなかったとしましょう。次のようなセリフを言ってしまうことはないでしょうか。

「すみません、今伝えないといけないのでお話させていただきます。この書類に関

してです。この書類は明日提出する予定ですので、まだ残業すれば問題ないと思いますし、私は残業するつもりです。この部分なのですが、内容に誤りがありました。私もチェックしましたし、先輩にも確認してもらったのですが……」

これが装飾的な話し方です。話したい内容は、「書類にミスがあった」という報告ですよね。でも、ミスの報告と判断できるのは最後まで言い終わってからです。上司はなんの話をしているのか、すぐに理解できないでしょう。

○「結論は最初に話す」と決めてみよう

最初に結論を言えば、内容がすぐに伝わるだけでなく、そのあとの発言は「ミスの報告に対する補足」と理解できます。結論を最初にした、次のセリフを見てみましょう。

「すみません、書類でミスをしました。明日提出する予定ですので残業すれば対処できると思います。どのようにすればいいでしょうか。チェックが甘く申し訳ありません」

これなら、どういった内容を話しているのかわかりやすいですよね。最初に結論を話すことで、いま何の話をしているのかあなた自身も把握できます。上司もミスの話だとすぐにわかるため、ミスについてどのような対処をすればいいのかを考えつつ話を聞くことができます。

とくに、ミスの報告などの伝えにくい話題の場合、叱られたくないので言い訳から話したくなるものです。言い訳をすることは決して悪いことではありません。人は自分を守ろうと行動するもの。叱られるのは強い刺激です。繊細さを持つ方であれば、とくに叱られることをこわがるでしょう。

先に結論を話すことで「一番言いづらいことが言えた」と安心することができます。

伝えてしまえば緊張も和らぎますよね。落ち着いて内容を説明するためにも、結論は最初に話すようにしましょう。

POINT

会話は結論から話そう。
そのあとで内容を補足すると相手に伝わりやすくなる

10

報連相が苦手

とりあえず相手の目の前に立ってみる

仕事で欠かせない報告・連絡・相談。どのような仕事でも、組織で働く以上はこの3つが必要となります。

しかし、**繊細な方には、報連相の苦手な方がいます。次のように、タイミングを考えすぎるのです。**

- 「今報告したら迷惑かなぁ……」
- 「ミスの報告をしたいけど、お昼ご飯を食べたあとの方が機嫌いいかなぁ……」
- 「この内容、相談するにはかんたんすぎる？」

このようにずっと考えていると、タイミングを逃しつづけ時間だけがすぎてしまいます。すぐに報告すれば問題なかった内容を1日遅れで伝えて叱られる……このようなエピソードも繊細な方からお聞きします。

○モヤモヤする前に、上司の前に立ってみよう

報連相は、できるだけ早く済ませるようにしましょう。タイミングを窺っていると、その間に「いつ伝えたらいいかな」「忘れないようにしないと」など、モヤモヤと考えてしまいますよね。

早く報連相ができれば、そのモヤモヤを手放せます。叱られる可能性があったとしても、言おうか迷っている数時間～数日の間、悩まなくて済みますよね。小さなストレスも、ずっとつづくことで大きなストレスにつながります。問題を遅く伝えて叱られることはあっても、早く伝えたことで叱られることはないでしょう。

もし報連相のタイミングがわからなかったら、わからないなりに上司の前に立ってしまいましょう。立ってしまえば上司も「どうした?」と気づきますよね。この時点で報連相をする状況をつくることができます。**まずは「報告しようかな? どうしようかな?」という葛藤を終わらせることが大事です。**

どう伝えればいいのかわからない場合は、最初に「報告があります」「連絡があります」と、用件を伝えましょう。最初にそう伝えるだけで、相手が聞く姿勢になります。

上司からジッと見られるのが不安であれば、話す内容の一部をメモにすることもおすすめです。話す内容の目次をつくるイメージでメモを書きます。「報告があります」というひと言と一緒に渡せば、上司はメモを見るでしょう。あなたをジッと見ることはありません。

私は会社に勤めていたころ、「**報連相は自分を守る手段**」と考えていました。そして、かなり細かいことまで上司に相談をしていました。上司から「これは自分で考えてよ」と言われることもありましたが、ミスや段取り不足を防ぐことができました。ミスをするよりも精神的にはラクです。

自分の行動を上司に伝えておくことで、上司に安心感をあたえることもできます。日ごろのコミュニケーションもとりやすくなるため、報連相は日常的に行うようにしましょう。

ゲームでいえば、報連相をすることは、中間セーブをするようなもの。報告をすれば、そこまでは問題がなかったと証明しやすくなります。この考え方を持っておくと、報連相がしやすくなります。

POINT

報連相のタイミングは待つだけ心が疲れる。
早めに終わらせよう

11

初対面

緊張しないで話せる7つのポイント

繊細さ・敏感さを持つと、細かいさまざまな情報を拾いあげます。人間関係でいえば、相手のささいな表情の変化や、声のトーンの変化などです。

実際に繊細な方のお話を聞いていると、普段より歩くスピードが速い、歩く音が大きい、といった情報から相手の機嫌にまで想像をふくらませる方がいらっしゃいます。

このように、ちょっとした情報からきめ細かに考える繊細な方は、初対面の人にたいして慎重になります。「こんなことを言ったら、否定・批判されるのでは？」と緊張する繊細な方や、相手のことをよく知らないまま相手のことを好きになろうとす

る方もいらっしゃいます。

どちらにせよ、初対面の人に気をつかいすぎ、気疲れしてしまうでしょう。緊張状態がつづけば、自然とヘトヘトになります。そうなってしまうと、「早く休みたい」という気持ちばかりが強くなり、いい人間関係をきずくことは難しくなりますよね。

○初対面の7つのポイント

そこで、初対面の人と話すときに緊張しない環境づくり・考え方を持ちましょう。次の7つを意識するだけでも、気疲れはかなりへります。

- 最初から相手に期待をしない
- 最初は相手を観察しようとする
- 数回会うまでは連絡先を交換しない

- ムリな自己開示をしない
- 短時間で切りあげる
- 横ならびで座る
- 会話になる作業をする

初対面の人は情報がありません。会話を盛りあげようとしても限界がありますし、そもそも相性がいいかどうかもわかりません。

そこで、**最初から「好かれる努力」をやめてみてください。**好かれる努力をすると、その努力をつづけないといけません。つい好かれるための演出をしたり、自虐的な笑いをとって注目を浴びようとしてしまうのです。

好かれようと思う気持ちがなければ、相手の機嫌をとるような立ちふるまいがなくなります。もし相手が機嫌を悪くしても、相性の悪い人だと判断できるので距離をとれるでしょう。

人一倍敏感な部分があると、感情が高ぶりやすくなります。高ぶったままだと、緊張している状態がつづき、疲れてしまいます。せっかくの会話が「なんだか疲れる人だった」という感想だけで終わるのはもったいないですよね。最初だからこそ短時間で切りあげ、疲れないようにしましょう。

私は仕事柄、初対面の方と会う機会が多くなります。会う時間は短時間にして、必ず会話のテーマを決めています。なにも考えず会って会話をするのは難しいもの。テーマがあるだけでおたがいに会話をふくらませやすくなります。

連絡先交換などの目的を持たないことも大切です。ムリに接点を持とうとすると、相手から好意を期待してしまいます。好意を期待すれば、相手の苦手な言動も許してしまうでしょう。正しく相手を見るため、相手に期待しないことが必要です。

初対面ほど、冷静に相手を観察することが大切です。観察する目的ができると、好き嫌いという枠組みからも外れます。

初対面のときは、相手と情報交換をするイメージを持ちましょう。これだけでも数日前から緊張してドキドキすることがへっていきますよ。

POINT

初対面のときは相手を観察しよう。
最初から好かれる必要はない

12
明るく話せない

会話が苦手でも明るいコミュニケーションはできる

会話が苦手な人には大きく2つの特徴があります。1つは、早口でどんどん話してしまうこと。もう1つが遠慮してまったく話せなくなることです。どちらも相手を意識しすぎて、緊張してしまうのが共通点ですね。

「**会話中に緊張してしまって……。本当は明るく話したいんですが、どうしても暗い話し方になっちゃいます**」と悩む方もいます。

会話はコミュニケーション方法の1つにすぎません。**会話が苦手でも明るく楽しいコミュニケーションはできるのです。**会話を後回しにするコミュニケーションを考えてみましょう。

○会話内容よりも大切なこと

コラム2でご紹介した「メラビアンの法則」からわかるように、人は会話をするとき、視覚情報から一番影響を受けます。次に、聴覚情報です。じつは、会話の内容自体からはそこまで影響を受けません。**思っている以上に、話した内容は真剣に聞かれていないのですね。**


ここでは、「エビング・ハウスの忘却曲線」をご紹介します。

これは、時間が経つと人の記憶はどの程度失われていくのかを研究したものです。

その結果、20分後には覚えた内容の約4割を、1日後には約7割を忘れてしまうことがわかりました。あなたがどれだけ一生懸命に自分のことを話しても、相手はその内容のほとんどを忘れてしまうのです。

会話の内容自体はあまり記憶にのこらないのなら、**「笑顔」「しっかりとした受け答え」「ちょっとしたしぐさ」「服装、髪型などの外見」**など、**内容以外のところを重視した方が明るいコミュニケーションをとることができます。**

まずは視覚情報から考えてみましょう。

デートを想像してください。一緒に遊ぶことになった相手が、泥だらけのスニーカー、髪の毛は寝ぐせだらけ、寝巻のような服装ならどうでしょう。どれだけ明るく会話をしてくれても、印象は台無しですよね。

逆に会話の内容は普通でも、外見をしっかり整えていれば相手に好意が伝わります。自分のために身なりに気をつかってくれたのだとわかるからです。

また、人がもっとも話したい内容は「自分の話」だといわれています。**相手に好印象を持ってほしいのであれば、相手にたくさん話してもらいましょう。**あなたが3割・相手が7割ほどのバランスで会話をすると、相手に満足してもらいやすくなります。

会話のあとに「あんまり話せなかったなぁ……」と思うかもしれませんが、それでいいのです。あなたがたくさん話せば、あなた自身は安心するかもしれません。しかし、相手は満足していない可能性があるのです。

会話に苦手意識があるのなら、ムリに話さずに相手を中心とした会話をしましょう。あなたは苦手なことをしなくてハッピー。相手は自分のことが話せてハッピー。おたがいが満足できる関係になりますね。

POINT

笑顔など、会話以外のコミュニケーションを使おう

13

複数人での会話①

グループでは〝役割〟を意識する

役割を持つと、グループの中で安心して話せるようになります。

心理学では、2人以上を集団と考えます。グループと聞いて多人数をイメージする方も多いと思いますが、2人以上はすでにグループと考えてください。

あなたが大人数でバーベキューをしたとしましょう。ほかの人は熱心に準備しているのに、あなただけが「準備しないで、ラクにしていていいよ」と言われたら困ってしまうのではないでしょうか。役割が持てず浮いてしまうからです。グループの中で役割があると所属感を持てるため、浮くこともなく疎外感を持ちづらくなります。

バーベキューの場合、役割は買い出し・設営・調理・火起こしなど、いろいろとありますよね。あなただけ役割がないと、集団の中で1人ぽつんと浮いてしまいます。もし役割があったらどうでしょう。調理グループだったら料理をしながら会話ができますし、その流れで準備も手伝えます。その場での所属感も持てて、1人だけなにもやることがないという気持ちから解放されます。このように、**集団の中では役割を意識することがおすすめです。**

役割という言葉がピンとこなければ、**立ち位置を明確にすることをイメージしてください。**

たとえば2人で会話をする場合、聞き役という立ち位置が生まれます。相手と良好な関係であれば、話を聞くことで相手から感謝されるでしょう。あなたも「なにを話そう……」と悩む必要がありませんので、気軽な気持ちになれます。

3人で会話をする場合、あなた以外の2人が勝手に会話を進めてしまうことはないでしょうか。この場合は「進行役」になることや、「役割を決めやすい環境」を選ぶことで、あなたも会話に入りやすくなります。勉強を教える・相談に乗る・スポーツをする・ドライブ（運転手を交代）などが考えられるでしょう。

○自分に向いている立ち位置を意識しよう

役割を持つ際に大切なのは、あなたの得意なことや好きなことを生かすことです。
あなたが料理好きの場合、バーベキューをするときは料理ができるからと調理係に参加することができるでしょう。話をふるのが得意なら会話をはじめる役割でいいでしょうし、聞く方がラクなら聞き役に徹すればいいのです。

職場でも一緒です。あなたの同僚が後輩を厳しく叱っているとしましょう。この場合、あなたはやさしく接する役割になることがいいかもしれません。仕事を教えてもらう立場であれば、先生と生徒のような関係になります。ここに友達のような関係を持ちこもうとすれば、立ち位置がズレてしまいます。

もし、自分に向いている役割をだれかがしているのであれば、グループを細分化することがおすすめです。そのグループの中でさらに小さいグループにして、自分が得意な役割を確保すればよい、という考え方です。

人は2人ですでにグループです。あなたと同僚と後輩という3人のグループが、あなたと後輩だけになれば2人になります。このように考えると、あなたが向いている役割でかつ空いている役割を選びやすくなります。

あなたはその集団でどのような人物でしょうか。私は相談役・聞き役になることがほとんどです。交流会のようなイベントでは司会者に徹しています。集団により役割も変わりますので、役割に沿った行動・会話をしてみましょう。

POINT

役割があると所属感を得やすく、場に溶け込みやすい

14

複数人での会話②

得意なグループ人数をチェックする

- 「2人なら話せるんだけど、3人だと話せなくなる……」
- 「多人数の場で溶け込むのが苦手」
- 「2人だと緊張して話せない。数名ならいいんだけど」

このように、会話のしやすい人数は人によってさまざまです。繊細な方のお話を聞いていると、多人数の場を苦手とする方が多いようです。これは、人が多くなるほど刺激が強くなるためでしょう。気をつかいすぎて話せなくなる方もいます。

くり返しになりますが、繊細な方は敏感さを持っています。敏感さを持っていない人と比べると、立ち止まり観察し、確認するという作業をすることが多くなります。刺激による情報を丁寧に考えているとイメージしてみてください。

多人数であれば「あの人はどういう人なんだろう」と観察する対象がふえます。観察している間に、あっという間に時間がすぎてしまうこともあります。

2人であれば観察するタイミングがありません。なにを言うか丁寧に考えている間にも、コミュニケーションは進んでしまいます。人からの刺激で情報過多となり疲れてしまうこともあるでしょう。

○苦手な人数のあつまりは避けるようにしよう

会話で疲れないために、自分の得意なグループ人数を考え、その状況をつくりあげることが大切です。

たとえば、私は大人数よりも2人の方が緊張します。だれかと2人きりで会うときは緊張を和らげるために、短時間で切りあげます。外で会うときはカウンター席を選び、相手からの情報を少なくします。相手に話してもらう方が気楽なので、役割としては聞き役を心がけています。

多人数の場合は進行役であったり、その場にいるみなさんの話を気軽に聞くようにしています。2人に比べれば話をラクに聞けますので、話を聞きつつ食事も楽しめます。多人数の中で溶け込みにくい方がいると積極的に話を聞くこともあります。このように、大人数だと複数の役割を選べるので、安心感が強くなるのです。

あなたがもし3人を苦手とするのなら、3人の誘いを断りましょう。2人にするか、4人にするよう提案が必要です。3人の誘いが来た場合に「○○さんも呼んでいい？」と言えば、4人にできる可能性がありますよね。

多人数のあつまりでは、お店によってはテーブルが分かれるケースがあります。全体の人数より少ないグループに自然と分かれますので、苦手意識が和らぐかもしれません。

どの人数にもいえることですが、**あなたが主体となることが重要です。**人間関係は誘ったり提案する方が有利です。人数はもちろん、環境・誘う人を自分で選べるからです。苦手な人数の場に飛び込んでも浮いてしまう恐れがありますよね。

誘うことに苦手意識がある場合、まわりが喜ぶイメージをしてみましょう。

だれかに誘われて、「嬉しい」と感じた経験はありませんか？　誘いを断る際に罪悪感を覚えることもあったでしょう。

相手にイヤがられるのでは、というネガティブな部分だけに注目すると、誘いづら

本のイベントに
3人で
行きたいな
SENSAI
BOOK
BOOK
BOOK

くなります。たとえば、同じ趣味の人をそのイベントに誘えば喜んでもらえる可能性が高いですよね。このように、相手の気持ちを考えると誘いやすくなります。

人を誘ったり、人を選ぶことを学んでおくと、この先の人生もずっとラクになります。いきなりうまくいくと思わず、最初はチャレンジするつもりで、人を誘う練習をしてみましょう。

もちろん、仕事の場や参加者の体調不良などで人数が変わってしまうことはあります。完ぺきにすることはできません。しかし、苦手な人数のあつまりを避けることにより、人間関係の苦手意識もへります。苦手な人数のときよりも楽しく話せるので、あなたの印象も変わっていくでしょう。

POINT

会話しやすいグループ人数になるように、あなたから提案しよう

15

オンライン①

見えなくてもジェスチャーが大切

コロナ禍の影響で、オンラインの交流がふえました。仕事では、テレワークやオンライン会議がひろまりましたね。

「**仕事がテレワークになってから、思うように話せなくなりました。すべての行動を観察されているように感じ、頭が真っ白になる感覚もあります**」

繊細な方から、このような相談も届いています。

繊細さ・敏感さは、とくに人間関係において発揮されます。相手の気持ちや気分を察しようと考えますので、じっとおたがいが見つめ合うようなオンラインの交流は、情報が多すぎます。考えることが多すぎるので、緊張してしまい疲れ切ってしまうのでしょう。

オンラインでは、画面のほとんどが相手と自分の顔です。環境にもよりますが、身体は上半身が映る程度が多いと思います。

本来、人は身振り手振りをしながらコミュニケーションをとっています。そういったジェスチャーへ注目すると、相手の目を見る瞬間がへりますよね。このときにリラックスして、次の会話内容などを考えることができます。

しかし、オンラインだとじっくりと相手の顔を見ることになります。これでは、緊張感が消えませんよね。リラックスしづらく、次の会話を考える余裕を失ってしまいます。

○「オンラインだから」と考えない

そもそも、オフラインであなたはつねに相手の目を見ていたでしょうか？自分の手を見ていたり、相手の動きや服を見ていたり、無意識に視線を相手の目からずらしていることが多いものです。

オンラインだからといって、コミュニケーションの方法を切り替える必要はありません。ずっと相手の目を見つづけなくてもいいのです。相手が目の前にいるのと同じように、身振り手振りしつつ会話をしましょう。

人はほとんどの情報を非言語コミュニケーションから得ています。会話の前に相手の外見を見ます。つづいて、声を聞きますよね。会話の内容ではなく声のトーンや、大きさなどが主な情報となります。

会話上手な人は、会話以外の部分で、情報を相手に渡しています。相手を叱りたければ低い声を出すでしょうし、伝わりづらい内容はジェスチャーも使います。オンラインで会話内容のみで情報を伝えようとすると、今までと感覚がちがうためストレスを感じるのです。

私はオンラインでは、非言語コミュニケーションも使うことを意識しています。

たとえば、わざとカメラを遠くに置いて、自分の上半身が映るよう心がけます。伝えづらい内容は対面と同じくジェスチャーをします。会話内容だけで伝えることを避けているのです。

オンラインでのジェスチャーは、相手に

しっかり伝わらないかもしれません。それでも、今まで通りのコミュニケーションを心がけましょう。相手に情報が伝わりやすくなるので、気疲れによる疲労感もへりますよ。

POINT

オンラインでも対面に人がいるのと同じコミュニケーションを心がけよう

16 オンライン② 注目されている感覚をへらす

オンライン会議は、オフラインではありえない距離感で会話をしています。つねに目の前に相手がいて、複数の人から注目される。まるで面接官が目の前にならんでいるような状態です。これでは緊張して当然ですよね。

つねに監視されていると思い、微動だにできない方もいらっしゃいます。この状態で意見を考えるのは難しいでしょう。

繊細な方は、監視されている状態で力を発揮するのが苦手です。とり組んでいる仕事より、見られている人に意識を向けてしまい、どうすべきか悩んでしまうのです。

オンライン会議では、参加メンバーの表情の変化までしっかりわかってしまいます。
たとえば、会議中にあくびをする人がいたとします。対面のときは目立たないようにあくびをしていたかもしれません。しかし、オンライン会議では未設定だとそれぞれの顔がアップで表示されます。自分の発言中にたまたま見かけてしまった場合、「私の発言はおもしろくないんだ」と深刻に受け止め、その後の自信を失ってしまうこともあります。

集団の前で話をする際は、全員に意識を向けないことが大切といわれています。私は50名ほどの前で話をすることもありますが、基本的に話を熱心に聞いてくれている1人に注目して話をしています。1対1の感覚になるので、リラックスした状態で話ができるのですね。オンライン会議でもこの方法を使いましょう。

○オンラインならではの設定に助けてもらおう

オンラインならではの「画面表示」などの設定を上手に使うことで、刺激をへらすことができます。具体的な方法を、いくつか紹介します。

- 複数名と会議をするときは、話している人だけが表示される設定にする
- 画面ではなくWEBカメラのレンズを見る
- ディスプレイを暗く設定する
- あなたが話をする際に資料を画面に表示させる

たったこれだけでも、人から注目されている感覚がなくなります。画面を暗くするのは、目の疲れを防ぐ効果も期待できますね。

私もオンラインで交流したあとは、ぐったりと疲れがでていました。1時間ほどのオンライン会議終了後は、20分ほど休む時間をとっていたほどです。

「これではいけない！」と思い、必死になって画面を見るのをやめました。ディス

プレイの光も強い刺激です。そして、画面の後ろや画面の相手ではなく、WEBカメラのレンズを見るようにしました。相手の顔を見ていなくても、相手は「こちらを見てくれている」と感じます。自分自身はリラックス状態につながりますよね。結果、それまでよりも疲労感がへったのです。

ディスプレイ内に資料を表示しておき、その資料をメモとして、見ながら話すのもおすすめです。

オンラインだからこそ、自分がリラックスできる環境をつくり出しましょう。少なくとも、目の前に面接官がならんでいるような状態から抜け出すことが大切です。

POINT

つねに間近で相手の顔を見ていれば疲れて当然。
視線を外すようにしよう

17

オンライン③

声をハッキリ大きく出すと緊張しない

オンラインでは、機械を通して相手に声が届きます。つまり、声を張りあげなくても声が届きやすくなります。

あなたは対面ではそれなりに声をだせるのに、電話やオンラインだと小声になっていないでしょうか。人は無駄にエネルギーを消費したくない生き物です。不必要に声を出さなくなるのはわかります。

自宅で作業をしている場合、家族や隣人に声が聞こえてしまう不安もあるでしょう。

自分のあたえる影響を深く考える繊細な方は、自分の声がどこまで届いているかも不安に感じることかと思います。実際に、集合住宅では騒音より自分の出す音で人を不快にしていないか悩んでしまう繊細な方もいらっしゃいます。

しかし、**小声で話すと緊張感がますのです。**

緊張すると息が詰まり、声が震えさらに小声になりますよね。思ったように話せなくなります。

緊張を解く方法の1つが、じつは大きな声を出すことなのです。会話中の滑舌や緊張は筋肉の弛緩、発声とかかわりがあります。大きく声を出すことで呼吸が深くなります。**深呼吸で緊張感が和らぐのと同じように、大きな声を出すことでも緊張感が和らいでいくのですね。**

仕事がテレワークで一人暮らしだと、ひと言も会話をしないまま1日が終わることも珍しくありません。そうすると、ふとオンライン会議の予定が入ったときに、自分がどのくらいの力で話していたかを忘れてしまいます。

意識的に口のまわりの筋肉を動かし、声を出す習慣をとりもどすことが必要です。

○声を大きくだせる練習

声をハッキリ大きく出す練習として、歌うことをおすすめします。歌うことで、セロトニンの分泌も期待できます。セロトニンは心の安定にもかかわる神経伝達物質で、緊張を和らげることにつながります。

ボイスメモ収録や、個人ラジオをはじめることもおすすめです。どちらも1人で声を出すことができます。自分の声がどのように聞こえているか、録音後に改めて確かめることもできますよね。日記のように使えば、気持ちをアウトプットして感情を整える効果も期待できます。

オンラインで話すときに、あえてマイクの音量を下げるのもいいでしょう。そうすることで、意識して声を大きくしないと相手に伝わらなくなります。

小声のとき、人は口をあまり開けていません。口を大きく開けることで表情が豊かになり、相手に感情が伝わりやすくなります。印象もよくなりますね。
オンラインだからこそ、目の前に人がいるように意識して声を出しましょう。

POINT

緊張感を解くため、
オンラインでも口を大きく開け声を出そう

18

オンライン④

顔を見て話す時間があれば憶測は止められる

オンラインで仕事をしていると、極端に人と触れ合う時間がへります。これまで同僚や上司と毎日のように顔を合わせていたのに、それが週に1回程度、人により月に数回までへってしまうこともあるでしょう。

繊細さ・敏感さを持つ人は、深いやさしさや人への洞察力があります。相手と自分との間になにが起きているのかを考え、その答えを出そうとします。毎日顔を合わせていれば、ちょっとしたことから相手がどういう状態なのかがわかります。表情1つで機嫌がわかりますし、体調も想像できるのです。

これがオンラインでのコミュニケーションで裏目に出るケースがあります。

上司から、ささいなことを厳しく怒られたとしましょう。そのときに上司が体調不良気味であることがわかれば、それが原因で怒りを我慢できなかったと想像できます。「体調不良のときはつい言っちゃうときもあるよね」ととらえるだけで受けるストレスはちがいます。相手の立場・気持ちを理解できると、受ける気持ちのニュアンスが変わってくるのです。

メール・チャットのようなテキスト情報だけでは、相手の立場、気持ちがなかなかわかりません。人は足りない情報を憶測してしまいます。

上司から、いつもより短いメールが届いたとしましょう。単に忙しくて、メールを打つ時間がなかったのかもしれません。それにたいしてあなたは「怒っているのでは」と憶測したとします。この憶測が行きすぎると、次のような状態になってしまいます。

- 怒った上司の口調、声のトーンで、メールの文面が再生される
- 上司の怒った顔が頭から離れなくなる
- 自分の評価が落ちたのではないかと心配になる

想像ですので終わりがありません。たったひと言の文章で疲れ切ってしまうこともあるでしょう。繊細な方は深く深く考え込み、ついには謝ってしまうケースもあります。相手は怒っていないので「なぜ謝ったんだ?」と不思議に思うわけです。

○文面だけでは相手の気持ちはわからない

定期的に顔を見るだけで、こうした行きすぎた憶測にふりまわされなくなります。相手が怒っていないと、非言語情報から判断できるからです。

私たちは会話でコミュニケーションをしていると考えていますが、「メラビアンの法則」からわかるように会話内容は7%の情報にすぎません。テキストでは怒ってい

るように感じたとしましょう。でも対面で話すと、ニコニコと柔らかく意見を言っているだけかもしれません。この場合、視覚・聴覚情報から「怒っていない」とわかるのですね。こうした判断ができるので、相手の顔を見ることは大切です。

たとえば、朝オンラインで顔を見るだけでも効果があります。オンラインが中心な職場こそ、顔を見る時間を積極的につくりましょう。

POINT

テレワークだからこそ顔を見て、相手の気持ちを判断しよう

19

返信に時間がかかる

「共感・3行」ルールがあれば悩まない

あなたは、メールやSNSの返信で悩んだことはないでしょうか。

私のもとには、**「返信で毎回30分以上悩んでしまう…」**というご相談がよく届きます。この手のご相談は尽きることがありません。

くり返しになりますが、繊細な方は自分のあたえる影響を深く考えています。相手のことを探ったり、考え込む部分があるのですね。当然、メールやチャットの返信でも深く悩んでしまいます。

● 「この言葉だと誤解されないかな？」
● 「これだと、厳しい言い方に思われるかな？」
● 「相談の内容がつかめないから、しっかりと細かく答えた方がいいかな」

このように、返信の細部にまでこだわってしまうケースがあります。

メール・チャットでのやりとりは大きく2つの目的に分けられます。1つが連絡。仕事の報告や遊びの約束をすることですね。もう1つがコミュニケーション。会話と同じようにおたがいの気持ちや価値観を伝えることです。

繊細な方が、とくに悩みやすいのはコミュニケーションのやりとり。テキストでのやりとりは非言語情報がありません。できるだけ柔らかい印象になるよう絵文字をたくさん使う方もいますが、絵文字だらけの文章は読みづらくなりますよね。**絵文字のバランスでも悩む方が多いようです。**

○共感から返信をはじめよう

私がおすすめしている返信のやり方は、**「共感・3行」ルール**です。共感を含めて3行でまとめる、というルールを決めれば悩みづらくなります。共感であれば相手を否定しませんし、情緒的に伝わります。テキストでありながら、相手に感情が伝わりやすいのですね。

- **「わかるわかるー!」**
- **「そうだよね。ほんとそう」**
- **「私もそう思ってた」**

このように共感を表す文章から、返信をはじめてみましょう。共感してくれたことを、相手は好意的に受け止めます。そのあとに、軽く自分の話をしてみましょう。

なかには共感できないような意見を送ってくる方もいるでしょう。明らかに悪意や敵意のあるものであれば、真に受けて真剣に答える必要はありません。意見を求められても「わからない」「ほかの人の方が知っているかも」のように、流すことが大切です。

仲が悪いわけではないけれど、価値観のちがう意見が届くこともあります。その場合も、ムリに返答したり、共感する必要はありません。価値観がちがうのですから「わからない」でいいのです。わからない、というのも立派な答えです。相手を傷つけることもありませんし、それ以上答えを求められることもありません。

私はYouTubeやオンラインコミュニティで毎日100通以上のコメントを見ています。時間があれば返信もしていますが、基本的に共感を含めて3行でまとめることを心がけています。SNSであまり知らない人とやりとりをするのであれば、わざわざ相手を否定する必要はないでしょう。否定があるのなら、おたがい、離れた方が自然です。

いつも返信に30分以上かけている人ほど共感・3行ルールをためしてみてください。返信も比較的すぐ終わりますので、相手にも「マメな人」という印象になるでしょう。連絡が早い、というだけで好印象につながることもあります。

POINT

コミュニケーションの基本は肯定と共感。
長文でなくても大丈夫

COLUMN 3

繊細な人が苦手なマイクロマネジメント

あなたはマイクロマネジメントとマクロマネジメントという言葉をご存じでしょうか？

マイクロマネジメントとは、行動を監視し、細かく指示を出していく管理方法。マクロマネジメントとは、個人のやり方に任せ、干渉しすぎずに育てていく管理方法です。

人一倍敏感で繊細な方は、人から監視された状態が苦手です。目の前のことに集中するよりも、監視している人のことが気になってしまいます。その人が望むような行動をとれているだろうか？　と疑心暗鬼になり、仕事のパフォーマンスも落ちてしまいます。

もっとも、マイクロマネジメントにはデメリットが多いことがわかっています。部下を信頼していない上司が行うスタイルで、監視された人はやる気を失います。自主的な行動をよしとしないため、部下の考える力も奪ってしまうのです。できればマイクロマネジメントを選択している上司からは離れた方がいいでしょう。

マイクロマネジメントだと考えられる例をまとめてみました。あなたも該当しないかチェックしてみましょう。

- 1時間に1回など、過度に進捗情報を求める
- 細かい指示があり、少しでもちがったことをすれば責められる
- 毎回メールなどの文面をチェックする
- 方針を強制する
- つねに居場所を把握される
- テレワークでつねに画面の前にいなければならない
- 小さなミスも追及し、大問題のように扱う

- ミスによる仕組み改善より、犯人探しをする
- 就業時間外の連絡にも対応しなければならない

とくにテレワークでは、マイクロマネジメントがふえる傾向にあります。今までは部下の仕事ぶりを上司が対面で見ることができました。しかし、テレワークでは個人の作業状態はわかりません。部下を信用していない上司であれば、監視したくなるでしょう。

繊細な方は、自分の行動がどのような影響を及ぼすかを考えています。1人作業だったとしても、手を抜けばだれかの迷惑になりかねませんよね。そうならないよう、人の目の届かないところでも熱心に作業するでしょう。

人にはそれぞれのペースがあります。仕事をどのように進めるか、今日はどこまで終了するか。自分なりに考えるでしょう。しかしマイクロマネジメントでは、そのプランすらこちらが提出しなければなりません。

本来、信用があればすべてを伝える必要はありませんよね。その報告の時間で仕事が圧迫されると、残業もふえてしまうでしょう。働きにくいなと思ったら、職場でどのようなマネジメント方針がとられているのかをチェックすることも大切ですよ。

第 4 章

まわりに
ふりまわされずに
会話を楽しむ

1

会話中に傷つくことはよくあること

人一倍敏感な部分があると、人間関係で洞察力を発揮します。洞察力とは物事や人をモニタリングして、さまざまなことを見抜く力のこと。今、自分と相手の間になにが起きているかを深く考えるのです。

友達から「ちょっと相談したいんだけど、いい？」と連絡が入ったとしましょう。相談内容についてさまざまなことを考えます。「もしかしたら大ピンチなのかも！」と想像し、ムリにでも時間をつくる方もいらっしゃいます。

このように、**洞察力があると、相手の見えていない部分まで考えて知ろうします。**

当然、否定や批判にたいしてもHSP気質を持つ方は大きく反応します。

だれだって傷つきたくありません。傷つくとは、自尊心が傷つけられる、ということです。

しかし、どれほど親しい仲だとしてもおたがいを傷つけてしまうことはあります。相手にとってなにがNGワードなのかわからないためです。

あなたが、最近人気の芸人さんのことが大好きだとしましょう。でも、友達が「あの芸人さん微妙じゃない?」と話題に出すケースだってあります。

自分の好きなものを否定されると、自分の価値を否定されたように感じます。親しい仲だからこそ、深く傷つく方もいるでしょう。**相手はなにげなく発言しただけなのに、全否定されたように打撃を受けてしまう方もいらっしゃいます。**

○傷つくことを避けるよりも、修復力を大切にしよう

ここで重要なのが「**人間関係はコミュニケーションの中でおたがいに傷つく可能性がある**」ということです。

1度もケンカをしたことのない方もいると思いますが、長い付き合いの友人とは数回はケンカをしてきた方が多いのではないでしょうか。しかし、友人関係がつづいているのには理由があります。おたがいを許してきたからです。

人間関係で傷つくことは、残念ながら避けられません。どんなに関係の近い人でも、相手が考えていることや経験してきたことすべてを知ることはできないからです。そのため、**傷つくことを完璧に避けることよりも、傷ついたあとに関係を修復する力が大切です。**

たとえば、相手に家族が全員いる前提で話をしたとしましょう。でも、その相手は家族を亡くしていたとします。悪意があったわけではないですし、相手の中でも気持ち的に終わったことかもしれません。それでもデリケートな話題に踏み込んだのであれば、ひと言謝るでしょう。

ケンカをしても好きな部分がのこっていれば、冷静さをとりもどしたあとで反省することができます。おたがい謝りあい、許すからもとの関係にもどれます。

新車に傷が付くのをこわがるように、人間関係の傷を恐れると気をつかいつづけることになります。気をつかったからといって、相手を傷つけないともかぎりません。傷つくことを恐れるのではなく、関係性をもどす修復力に目を向けましょう。

POINT

おたがい傷ついても、
謝り許し合えば関係はつづけられる

2

断られることは否定ではない

「**断られるのがこわくて、人を誘ったり一歩踏み出すことができないんです**」というご相談を繊細な方からいただきます。断られたことで、自分を否定されたと深く受け止めてしまうのです。「相手を悩ませてしまったのでは？」と、罪悪感を持ってしまう繊細な方もいらっしゃいます。

人生において、「断る」ことも「断られる」ことも数えきれないほど経験することです。早めに慣れておくと、人間関係がスムーズになります。

断られることは、否定ではありません。あなたも誘いやお願いを断った経験があるのではないでしょうか。そのときに相手を否定する気持ちで断ってはいませんよね。「申し訳ないけど……」という気持ちで断っているかと思います。

では、なぜ断られることに否定的な気持ちを持っているのでしょうか。多くの場合、**過去に断ったことで「イヤな気持ちになった経験」をしているためです。**

たとえば、お願いを断ったときに「ケチ」と言う人がいます。あなたがケチくさいと言われないためには、お願いを引き受けるしかありません。良心的な気持ち・やさしい気持ちがあると、こうしたひと言を真に受けてしまいます。

このように断ったときに否定的なことを言われると、「たしかに私に落ち度もあるのかも……」と、繊細さ・敏感さを発揮して深く考えてしまう方もいるでしょう。しかし、問題は相手にあるのです。

今の例のように「捨て台詞」を吐く方は、なにかしらの問題を抱えています。自信がなかったり、他人を利用したい、という気持ちを持っていたりします。今回の場合は「期待外れだった」ため、ショックを受けているのです。「私はこんなにショックを受けた」と、捨て台詞で伝えているのですね。捨て台詞を吐く方のお願いは、断って正解です。むしろ、あなたはいい行動をとっていたのですね。

○断られることに慣れると、誘いやすくなる

断られることがこわくて身構えていると、そうされた瞬間に相手に敵意を抱きます。断られることを悪意や否定として考えてしまっているためです。

しかし、あなたが断ることに慣れてくると、自分が断られた際に「別に嫌われているわけじゃない」とわかるでしょう。自分が断るときと同じように、予定が合わないだけ、その誘いの内容に興味を持てないだけかもしれないからです。

断る人の気持ちがわかると、自分に悪意を向けていないことに気づけます。むしろ誘われたことに喜ぶ人も多いです。

よい人間関係をきずきたいなら、誘われる側よりも、誘う側になる方がおすすめで

す。話したい人を選べますし、人数や場所・時間帯まですべて自分でセッティングすることができます。

繊細な人は短期間でも、さまざまな刺激を感じとり、感情が高ぶって疲れてしまうことがあります。1日中、人と一緒に遊んでいるとヘトヘトになるでしょう。「午前だけ（午後だけ）遊ぶ」のように自分に合わせてスケジュールを組めれば、疲れずに人と遊びやすくなります。

しかし、いつでも「午後だけ遊ぼう」と誘ってくれる人ばかりではありませんよね。そこで、あなたから誘い、ムリなく過ごせる人と関係性を長くつづけてほしいと思います。気軽に誘えるようになるためにも、断られることに慣れていきましょう。

POINT

断られるのは否定・悪意ではない。
ごく自然な連絡事項の1つ

3

我慢しないでお願いを伝える方法

「本当は悩みを聞いてほしかったのに、いつの間にか相手の話にすり替わってしまってモヤモヤします……」

これは、繊細な方から多いご相談の1つです。

繊細な方が2人いれば、その繊細さには差が生じます。その場に繊細さ・敏感さを持っている人が自分以外にいたとしても、より繊細な方が1人決まります。

すると、より繊細な方が本心を我慢したり、相手のために自分の思いをとり下げたりします。よかれと思って我慢した場合でも、我慢がつづけば不満になってしまいますよね。不満は怒りとなり、おたがいの関係がギクシャクしてしまいます。

どうしても譲れない内容があれば、会話の最初に伝えてしまいましょう。

冒頭の「本当は悩みを聞いてもらいたかった」という例。この場合、会う約束をする時点で「話を聞いてほしいんだけどいい？」と伝えましょう。

これは相手だけでなくあなた自身の助けにもなります。自分の話を聞いてもらう場ですから、いろいろな話をしていいんだと気持ちを整えることができるためです。「思うまま相談しよう！」という行動の動機付けにもなります。

もし、あなたが「ただ話を聞いてほしい、否定的なアドバイスをされたらどうしよう」と思っているのなら、先ほどのセリフだけでは不十分です。

「今日は話を聞いてほしいんだけどいい？　アドバイスもなしで、本当に聞いてくれるだけでいいから！」がまちがいのないひと言でしょう。

もちろんこのセリフは例でしかありません。相手にお願いしたいことは、相談や話を聞いてもらうだけとはかぎりませんよね。愚痴を言いたい日もあるでしょうし、昨日のテレビドラマの話をしたいだけの日もあるでしょう。こうしたささいなことも、相手に伝えてみるようにしてください。

○ 夫婦間のすれちがいをなくすコツ

自分の要求を伝えられるようになると、要求の伝え方・伝える場も意識できるようになります。

繊細な方の悩みで多いのが、夫婦間のすれちがいです。とくに多く届くお悩みが、ネガティブニュースとテレビの音量についての悩みです。

繊細な方は物事を深く考えるので、ネガティブなニュースを見るとさまざまなことを想像します。事故のニュースから「きっと悲しいだろうな。今つらいだろうな」と、当事者の気持ちまで考えてしまうのです。配偶者の方が単なる情報収集としてニュースを見ているだけでも、疲れ果ててしまう可能性があるのですね。

音量の問題も似ています。相手がなにげなくテレビを見ているだけなのに、その音量の大きさが気になれば、ずっと気になってしまいます。

こうしたことに悩んでいることをあなたは本気で伝えようとしても、相手が「まぁまぁ」「そんなに気にしないでよ」と流してしまうとガッカリしますよね。家で雑談のように話せば流されやすいでしょう。

もし、次のような流れ・環境で話したらどうでしょうか？

- 「折り入って相談がある」と伝える
- 家の中ではなくカフェを指定する

● 服装を整える

たったこれだけで、相手にただごとではないと伝わります。話を真剣に聞こうと思うでしょう。

繊細な方のご相談を受けていると、伝え方で損をしている方が多く感じられます。わかってほしい人にわかってもらえないのは、味方が敵になったような衝撃を受けます。これは悲しすぎますよね。

自分はどうしたいのか。相手にどうしてもらいたいのか。ここを意識して、会話をしてみましょう。たったこれだけで、会話のすれちがいを防ぐことができますよ。

POINT

最初に要求を伝えることで、
あなたは、話したいことを話しやすくなる

4

悪口を言う人のご機嫌をとらなくていい

悪口・陰口は強い刺激です。人の悪意に触れて、嬉しくなる人はいないでしょう。とくに、**繊細な方にとって、否定や批判は心が割れるような衝撃です。聞いたあとに、しばらく動けなくなり、うずくまって放心状態になる方もいます。**

繊細な方は強すぎる刺激を恐れます。その刺激がジェットコースターのような、悪意と関係ないものであればモヤモヤしつづけることはありません。しかし、悪口・陰口のような悪意を含むものなら「二度と体験したくない」と思うでしょう。

二度と体験したくないために、悪口・陰口を言う人たちのご機嫌をとろうとする人もいらっしゃいます。攻撃されないために、自分も悪口・陰口を言うときもあります。しかし、**自分が悪口・陰口を言っても刺激から逃げることはできません。**

前述のように、人の脳は主語を理解しない部分があります。自ら言っている悪口・陰口も、じつは自分が言われているのと同じくらい衝撃を受けているのです。また、言いたくない悪口を言うことで、自己嫌悪から自分を責めつづけてしまうでしょう。悪口・陰口には参加しないと決めた方が安心です。

○感謝ややさしさにあふれる人を大切にしよう

私も発信活動の中で多くの誹謗中傷を受けてきました。その度に怒りよりも悲しさを覚えます。しかし、世の中の悪口・陰口を言う人は少数派です。それ以上に感謝ややさしさにあふれた人がいますし、励ましてくれる人もいます。

アメリカの臨床心理学者カール・ロジャースが「2：7：1」の法則という考え方

を発表しています。これは「10人いれば、相性のいい人が2人・どちらでもないが行動次第で変わる人が7人・相性の悪い人が1人いる」という法則です。どれだけ仲よくしたくても、あなたのことを嫌ってしまう人が1割はいるのです。

悪口・陰口を言う人がいれば、必ず正反対の人がいます。**あなたと気が合って、同じようにやさしい世界で暮らしたいと思っている人がいます。あなたには、そういう人と話しあつまってほしいです。**

悪口・陰口を言う人とは、できるだけ距離をとりましょう。離れられない関係であれば、反面教師のように考えてください。悪口・陰口は「この人から離れた方がいい」という合図なのです。

POINT

悪意を振りまく人より、
感謝にあふれる人にエネルギーを向けよう

5

自己嫌悪するなら自虐ネタは封印

くせ毛が気になっているのに、くせ毛で笑いをとる。
体型を気にしているのに、体型をコミュニケーションのネタにする。

あなたは、このような自虐ネタを使っていないでしょうか。自分が気にしている部分をネタにして会話をすることは、自己嫌悪につながります。本当はまわりに触れてほしくない内容だからです。

繊細さ・敏感さがあると、まわりと自分の間にどういうできごとがあるのかを深く考えます。

たとえば、人があつまる場で無言がつづいていてなんとなく空気が重いとき、ネガティブな雰囲気をいち早く察知します。少しでも空気を軽くしようと、必死になって話したりコミュニケーションをとろうとするでしょう。

あなたがもとから会話好きで、まわりを笑わせることが好きなら問題ありません。しかし、どちらかといえば聞き役で積極的に会話をする側でないのなら、どのように場の空気を軽くすればいいか悩んでしまうでしょう。そうなると、安易な行動をとりやすくなります。安易な行動とは、自虐ネタのように自分を傷つけ苦しめる行動です。

本来、人はなにかしらのコンプレックスや弱点を持っているものです。完ぺきな人など存在しません。

コンプレックスや弱点を隠そうとすると、まわりから追及されるのがこわくなります。隠していることで攻撃される、指摘されると思い込んでしまうためです。

しかし、すべての人がコンプレックスや弱点を攻撃するとはかぎりません。そもそも、あなたがコンプレックスと思っているだけで、まわりはそう感じていないこともありえます。あなたが体型を気にしていても、見る人によっては魅力的に映ることもあるでしょう。人によって価値観はちがうのです。

しかし、自虐ネタをすると話は変わってきます。自虐ネタをすることで、「同じように指摘していい、軽く扱っていいんだ」とまわりに示してしまうのです。体型で笑いをとれば、体型を気にしていないのだなと思われるでしょう。**あなたが苦しんで自虐ネタをしていることが、まわりには伝わらないのです。**

○その場の空気のために、ムリをしない

そもそも、あなたがまわりの期待に応える必要はありません。場が盛り上がらなかったとしても、あなただけの責任ではありませんよね。また、多くの方は、落語家さんのように会話でまわりを笑わせるプロではないでしょう。もし会話でまわりを笑わ

場が盛り上がって
いないのは自分の
責任じゃない

せる仕事だったとしても、仕事以外で責任を負う必要はありません。

HSP気質を持つ方のなかには、空気を読みすぎて空まわりする、という場面になることが多いようです。今回の自虐ネタの例も空まわりに似ているでしょう。まわりが笑ってくれたとしても、あなたはムリをしているからです。結果的に人間関係で悩んでしまうデメリットの方が大きくなります。

人に気に入られるために、自分を傷つける必要はありません。

繊細さ・敏感さを持つ方は沈黙もすごく気になるでしょう。しかし、**沈黙イコール不機嫌・嫌われている、ではありません**「私がこの沈黙をなんとかしなきゃ！」という使命感から離れてみましょう。

POINT

自分が軽く扱われる発言をするくらいなら、沈黙でいい

6 どんな人も自分と同じ「人」として見る

心理学には、「ハロー効果」という言葉があります。これは、その人の特徴的な面に引きずられて、全体の評価をしてしまうことです。物事の判断が非合理的になる、心理バイアスの一種です。

たとえば、社長という肩書きを見ただけで「すごい人なんだ」と感じたことはないでしょうか。テレビで見る芸能人は、キラキラして憧れの人のように思うでしょう。

しかし、私たちと仕事がちがうだけで、普段の生活はそれほどちがいはありません。批判には傷つきますし、疲れてグッタリする日もあるでしょう。

私たちは立場や肩書きによって、相手の発言や行動を重く受け止めることがあります。人一倍敏感なＨＳＰさんはより強く影響を受けるでしょう。

友達からのひと言なら受け流せたとしても、上司からの指摘で深く傷つき落ち込んでしまいます。ちょっとした指摘でも、「自分のすべてが否定された」と感じることもあります。

○人間はみんな対等

相手の発言を真に受けすぎないため、立場や肩書きを外して相手と向き合いましょう。そもそも人はすべて対等なのです。

私は工場に10年ほど勤めていました。工場長や部長クラスの人たちをすごい人だと考えており、彼らの意見は正しいと思い込んでいる時期もありました。

この思い込みが解消されたきっかけがありました。プライベートでたまたま経営者の方々と話す機会に恵まれたのです。

楽器の弾けるバーに出入りしていた際に、一緒に演奏し歌っていた人がじつは建築会社の社長さんでした。彼は勉強ができたわけではありません。建築士になるため何度も試験を受けつづけ、不合格が2桁になるかと思われたときに合格。今でもまわりに助けられながら経営をしている、と話をされていました。

物腰も丁寧。当時まだ20代半ばだった私にも、友人のように話をしてくれました。個人的に食事やバーベキューに呼ばれた経験もあります。この経験から、私は肩書きといった社会的背景をとりのぞき「○○さん」という考えで人を見るようになりました。

そのとき、改めて当時の上司を見てみると、思ったほど立場に見合った発言をしていないことに気づいたのです。マウントをとるような発言が多く、工場の雰囲気は悪くなっていました。

「相手と自分は対等であり、肩書きだけで能力を評価する必要はない」そう思えるようになってから、私は上司の意見を真に受けることがなくなりました。マウントをとるような発言をされても、それは自信のなさからくる発言だと感じるようになったためです。本当に自信があれば、人を否定する必要などありません。

会社関係のことを例に出しましたが、ほかの場所でも一緒です。**たとえ家族だったとしても、友人だったとしても、関係性は対等なのです。**対等な関係なのですから、一方的な意見を真に受ける必要はないのですね。

POINT

「〇〇課長、〇〇部長」ではなく「〇〇さん」と考えてみよう

7 ありのままの気持ちをそのまま伝えてみよう

「**1人の時間がほしいときに、恋人に伝えづらいです。嫌っているのでは？と思われてしまうので、そうではないことを伝えたいです**」

このように、繊細さ・敏感さを持つ方から恋愛のご相談もいただきます。気持ちを相手にわかるよう伝えるのは大変なこと。つい我慢してしまう方もいらっしゃいます。

ＨＳＰ・非ＨＳＰにかぎらないことですが、人間関係はどちらかがより敏感です。先ほど述べたように、２人以上いれば比較によって、どちらかが繊細・敏感ということになります（もちろん両者がＨＳＰであるケースもありますが、ＨＳＰの中でも繊細さ・敏感さがちがうため)。

纖細さ・敏感さがちがえば、同じことをしていてもどちらかが先に高ぶってしまいます。すると、より纖細さ・敏感さを持つ方が我慢をするか、相手に理解してもらい刺激をへらしてもらうかのどちらかになりやすいです。自分の気持ちを上手に伝える方法がわからない方であれば、つい我慢してしまうでしょう。その我慢も限界を超えると怒りに変わってしまいます。

自分の気持ちを素直に伝えるのは、かんたんなことではありません。「嬉しい」「ありがとう」のような前向きな言葉なら伝えられても、自分の要求を相手に伝えることには気が引ける方も多いです。「嫌われてしまうのでは?」と思う纖細な方も少なくないと思います。

○自分の気持ちを伝える方法

気持ちを上手に相手に伝えるためには、今自分になにが起こっているのかを相手に話すことがおすすめです。**自分がどう感じているのか。このままだとどうなるのか。これを相手に「情報」として伝えるのです。**

私は結婚当初、集合住宅で暮らしていました。鉄骨の物件で角部屋だったため、騒音は少ないと考えていました。しかし、上の階にご家族が住んでおり、子どもたちが毎日運動会状態。私はすっかり参っていました。

妻はとくに気にしていなかったのですが、私は「とても気になって眠れない。小さな音でも、次にまた音が鳴るのでは？　と思い、物音に集中してしまう」と伝えました。感情としては「楽しいはずの結婚生活が楽しめない」という悲しさです。自分が騒音にたいしてどのような感覚・感情をもっているのかを妻と共有しました。

そして、私たちは早めに家を建てることにしました。家を建てるときも音や周辺の人間関係は慎重に考えました。業者さんに希望の土地付近の人間関係も調査してもらい、騒音や臭いの問題がないことも確認しました。

気持ちをぶつける、という言葉があります。しかし、大事な人に気持ちをぶつけるとケンカになってしまうこともあるでしょう。つい、相手を責めるような発言になりやすいためです。

ぶつけるのではなくて、**自分がどういう状態なのか、それによりどういう感情を抱いたのかを共有するイメージを持ちましょう。**たったこれだけで「どうしてわかってくれないの？」という感覚がなくなり、相手にも気持ちをわかってもらいやすくなります。

冒頭の例のように「1人の時間がほしい。でも嫌っているわけではない」と伝えたいなら、その思いをありのまま話してみましょう。

伝え方に悩んでいるのなら「どうすれば伝わるのか、伝え方にも悩んでいる」とそのまま話してかまいません。

目的はあくまで共有をすることです。媚びたり、内容を大げさに伝える必要もありません。おたがい、「感覚」はちがっていても「気持ち」は想像することができます。

偽りのない気持ちを伝えたうえで相手が拒絶するのなら、それは相手側の問題です。そもそも人間関係として良好ではなかったか、相性が悪かったともいえます。

「自分のことをわかってほしい」という期待をして話すのではなく、あくまで自分が感じているものを共有する、という考え方で話してみましょう。

POINT

今、自分にどういうことが起きているのか、情報として相手と共有しよう

COLUMN 4

マイラジオで自分を知ろう

あなたは日々アウトプットをしていますか?

本書でもさまざまな内容を紹介していますが、アウトプットして行動に移すことで理解は深まります。アウトプットの手段として私がおすすめしているのがラジオです。

最近は個人がかんたんにパーソナリティーとして活動できるラジオアプリがふえています。有名なのはｓｔａｎｄ．ｆｍ(スタンドエフエム)です。アプリを起動し録音ボタンを押すだけで、ラジオの収録ができます。全員に公開するのが不安な方は、リンクを知っている人だけが視聴可能にすることもできます。

ラジオのメリットは、自分の思いを言葉にできることです。自分の言葉を一番聞いているのは自分です。前述したように、人の脳は主語を理解しない部分があります。あなたが自分の思いを話せば、だれかからその思いを聞いているような状態になります。

あなたが悲しいときは、悲しい内容を話すでしょう。元気を出したいときは、元気を出したい気持ちを話しますよね。自分自身に共感し、気持ちを理解し、感情を整えることができるのです。

私はこれまで1000本以上のラジオ番組を収録し、公開してきました。学んだことをその場でアウトプットできるため、記憶の定着にもつながります。繊細な方向けに生き方情報を話せば、自分が現在どのような生き方をしているのか客観的に理解できます。収録した内容は、日記のようにのこります。毎日どのような気持ちで過ごしているのかをふり返ることができるので、自己洞察力も上がります。さらに、気持ちを言語化することで、冷静に自分の疲れやネガティブな状態などを把握することもできるのですね。

会話が苦手な方にとっては、会話の練習になります。私はラジオをはじめたばかりのころは、収録中に何度も噛んでいました。今では自然に話すことができますし、たとえ話なども上達しました。目の前に人がいるイメージで話しますので、人前で話す練習にもなります。

一人暮らしの方は、休み中にひと言も話さないことがあるでしょう。人と話さない期間が長引くと、顔も声もこわばってしまいます。表情が乏しくなるばかりではなく、頬が垂れ下がっていきます。ラジオを収録することで、1人でも話す理由をつくることができます。

自分を知ることにつながり、記憶の定着にも役立ち、さらには声を出す練習にもなり、顔も整っていくのならやらない手はないです。ためしに、今考えていることをラジオとして収録してみましょう。自分がどういう悩みを持っていて、本当はなにをしたいと思っているのか。自分でも気づかなかった一面に、出会う可能性がありますよ。

おわりに　～会話で自分の思いを伝えよう～

人間関係はゼロにできません。無人島で自給自足の生活ができれば可能かもしれませんが、現実的ではないでしょう。人とかかわって生きていくのなら、人づきあいを楽しめる方がお得です。

繊細な方からもっとも多いご相談が、人間関係です。家族・職場など、内容はさまざまですが、過去の経験から人におびえを持ってしまっている方が多いです。緊張して伝えたいことのほとんどを我慢してしまう方もいます。

人間関係や思いを伝える方法は、生きていくうえで非常に重要なものなのです。しかし、大事なことなのにだれかが教えてくれるわけではありません。では早い段階で人間関係におびえを持ってしまった人はどうすればいいのでしょうか。人一倍敏感なＨＳＰ気質な方は、より深刻に悩んでしまうでしょう。

私自身も20代半ばまで、八方美人で人に嫌われないように過ごしてきました。言いたいことをグッとこらえ、人の刺激から身を守るようにつくり笑いで自分を守ってきたのです。人におびえ、人から使われるような人生に疑問を持っていました。

そして、思い切って自分の思いを伝えるように決断しました。言葉が出ないのなら、表情や行動で感情を見せるようにしたのです。それからは傷つくこともありましたが、人間関係で少なくとも「自分を出せないモヤモヤ」はなくなりました。

今、人間関係で悩んでいる繊細な方にも、自分を出していいんだよと後押ししたい気持ちでいっぱいです。本書は、そんな思いをまとめた一冊となっております。

世の中には、ずるい人・攻撃的な人も大勢います。しかし、それ以上に心やさしく、人の話を受け止めてくれる方も多いのです。正しく思いを伝えるとは、イヤなことを「イヤ」と伝えられるようになるだけでなく、次のようにあなたの温かい気持ちを伝えるためにも役に立ちます。

- 日常的な「ありがとう」
- 大事な人への感謝
- おびえている人へ伝えたい精一杯のやさしさ

これまで会話で悩んできたあなたは、まだ上手に思いを伝えることはできないかもしれません。しかし、伝えようとする気持ちは相手に伝わるはずです。

その伝えようとする勇気、相手のことを思いやる気持ちを大事にして、これからの人生を歩んでいただければと思います。

あなたの敏感さ・繊細さがだれかの役に立つことを忘れず、大事な個性として受け止めていただけるよう、心より応援しております。

Ryota

参考図書

『ひといちばい敏感なあなたが人を愛するとき』（エレイン・Ｎ・アーロン著、青春出版社）
『医者が教える疲れない人の脳』（有田秀穂著、三笠書房）
『不安のしずめ方　人生に疲れきる前に読む心理学』（加藤諦三著、ＰＨＰ研究所）
『自分を許す心理学』（加藤諦三著、三笠書房）
『モラル・ハラスメントの心理』（加藤諦三著、大和書房）
『脳内麻薬 人間を支配する快楽物質ドーパミンの正体』（中野信子著、幻冬舎）
『結局、自分のことしか考えない人たち』（サンディ・ホチキス著、草思社）
『反応しない練習 あらゆる悩みが消えていくブッダの超・合理的な「考え方」』（草薙龍瞬著、ＫＡＤＯＫＡＷＡ）
『自衛隊メンタル教官が教える　心の疲れをとる技術』（下園壮太著、朝日新聞出版）
『だれにでも「いい顔」をしてしまう人 嫌われたくない症候群』（加藤諦三著、ＰＨＰ研究所）
『眠れなくなるほど面白い 図解 社会心理学』（亀田達也監修、日本文芸社）
『ＧＩＶＥ ＆ ＴＡＫＥ「与える人」こそ成功する時代』（アダム・グラント著、三笠書房）
『最先端研究で導きだされた「考えすぎない」人の考え方』（堀田秀吾著、サンクチュアリ出版）
『ささいなことにもすぐに「動揺」してしまうあなたへ。』（エレイン・Ｎ・アーロン著、ＳＢクリエイティブ）
『「大人になりきれない人」の心理』（加藤諦三著、ＰＨＰ研究所）
『ＰＴＳＤとトラウマのすべてがわかる本』（飛鳥井望監修、講談社）

参考論文

「中国における Highly Sensitive Person の状況調査：感覚処理感受性と人生の意味および幸福感の関係」李佳奇、串崎真志
「Highly Sensitive Person Scale 日本版（HSPS-J19）の作成」髙橋亜希

参考記事

「Introversion, Extroversion and the Highly Sensitive Person 内向型、外向型そしてＨＳＰ」ジャクリーン・ストリックランド
http://hspjk.life.coocan.jp/blog-introversion-extroversion.html

[著者]

Ryota（りょうた）

HSPアドバイザー。メンタル心理カウンセラー・行動心理士の資格を持つ。自身も強度のHSP。作家や作曲家の一面も持つ。

心理系の資格・様々な仕事経験・癒しの音楽を学んだ経験を生かし、主にHSP向けの相談や仲間作り・支援に向けた活動に努める。これまでに2,000名以上の相談に答える。

運営しているHSP向けメルマガサービス「HSPの教科書」は、まぐまぐ大賞2020年新人賞1位獲得。繊細な方向けの就職支援サービス「ココjob」を法人と共に企画、立ち上げ。HSP向けコミュニティ「ココイロサロン」を立ち上げ、運営。

HSPブログ「ココヨワ」の運営を始め、YouTubeやインスタグラム・ラジオなどSNSでも発信をしており、合計フォロワー数は19万人を超える。

HSPと交流しつつ、アンケート等で共通点や悩みを探り、主に心理学・社会関係・行動心理を元に生き方に役立つ情報を届けている。

著書に『もう振り回されるのはやめることにした』（SBクリエイティブ）『まわりに気を使いすぎなあなたが自分のために生きられる本』（KADOKAWA）がある。

●ブログ【ココヨワ】
https://cocoyowa.com/

●YouTube【ココヨワチャンネル】
https://www.youtube.com/channel/UCoBuFNBnXadVKDyWKFXxE5Q/

●Voicy【ココヨワラジオ“のんびり”】
https://voicy.jp/channel/1959

●スタンドエフエム【ココヨワラジオ】
https://stand.fm/channels/5f5c6ddcf04555115d9aadaa

●オンラインサロン【ココイロサロン】
https://lounge.dmm.com/detail/3588/

気疲れがスーッと消える　繊細な人の話し方

2023年　1月　26日　初版発行

著　　者　Ryota
発 行 者　石野栄一
発 行 所　明日香出版社
〒112-0005　東京都文京区水道2-11-5
電話　03-5395-7650（代表）
https://www.asuka-g.co.jp

印　　刷　株式会社文昇堂
製　　本　根本製本株式会社

　ISBN 978-4-7569-2248-9